春日

好花零落雨绵绵，辜负韶光二月天。
知否玉楼春梦醒，有人愁煞柳如烟。

偶成

人间花草太匆匆，春未残时花已空。
自是神仙沦小谪，不须惆怅忆芳容。

本事诗

乌舍凌波肌似雪，亲持红叶索题诗。
还卿一钵无情泪，恨不相逢未剃时。

吴门依易生韵 · 十一

白水青山未尽思，人间天上雨霏微。
轻风细雨红泥寺，不见僧归见燕归。

吴门依易生韵·二

碧海云峰百万重，中原何处托孤踪？
春泥细雨吴趋地，又听寒山夜半钟。

题画

海天空阔九皋深，飞下松阴听鼓琴。
明日飘然又何处，白云与尔共无心。

住西湖白云禅院作此

白云深处拥雷锋，几树寒梅带雪红。
斋罢垂垂浑入定，庵前潭影落疏钟。

东居杂诗

流萤明灭夜悠悠，素女婵娟不耐秋。
相逢莫问人间事，故国伤心只泪流。

今生只做红尘客

苏曼殊传

白落梅 作品

湖南文艺出版社
HUNAN LITERATURE AND ART PUBLISHING HOUSE

博集天卷
CS·BOOKY

图书在版编目（CIP）数据

今生只做红尘客 / 白落梅著 . -- 长沙：湖南文艺
出版社，2019.4
ISBN 978-7-5404-8959-5

Ⅰ . ①今… Ⅱ . ①白… Ⅲ . ①苏曼殊（1884-1918）
—传记 Ⅳ . ① K825.6

中国版本图书馆 CIP 数据核字（2019）第 009622 号

上架建议：畅销书 | 文学

JINSHENG ZHI ZUO HONGCHENKE
今生只做红尘客

作　　者：白落梅
出 版 人：曾赛丰
责任编辑：薛　健　刘诗哲
监　　制：于向勇　秦　青
策划编辑：刘　毅
特约编辑：王莉芳
文字编辑：苏会领
营销编辑：刘晓晨　刘　迪　初　晨
封面设计：VIOLET
版式设计：潘雪琴
封面插图：樂　兮
内文插图：水　间
出版发行：湖南文艺出版社
　　　　　（长沙市雨花区东二环一段 508 号　邮编：410014）
网　　址：www.hnwy.net
印　　刷：三河市中晟雅豪印务有限公司
经　　销：新华书店
开　　本：875mm×1270mm　1/32
字　　数：147 千字
印　　张：8
版　　次：2019 年 4 月第 1 版
印　　次：2019 年 4 月第 1 次印刷
书　　号：ISBN 978-7-5404-8959-5
定　　价：39.80 元

若有质量问题，请致电质量监督电话：010-59096394
团购电话：010-59320018

一切有情，都无挂碍

那一年，樱花盛开，像这个初冬，下的一场早雪。

那一年，执笔书写，正当妙年，誓与文字同生共死。

关于他的故事，我原本熟知。如今时过境迁，往事经年，竟已模糊不清。

于他短暂却漂泊的一生，无多喜爱，却亦是认真相待，无有分别心。写此书，只作是我人生路途上的一段历练，一场修行。

只记得，他能诗善画，是一位情僧。记得他性情疏朗，时僧时俗，放纵不羁。还记得他匆匆来过，又匆匆走了。

世人都说他是一只红尘孤雁，虽生于茶商望族之家，然母亲只是日本一名寻常妇人。他为私生子，自幼命薄。

据说，他出家为僧，只因身世孤零。又说其于日本留学时，与一名叫菊子的姑娘相爱，后遭家人反对，菊子投海自尽。而他心灰意冷，再次削发出家。

他不是真正的僧人，他落发，是因一段佛缘未了；是为那场如樱花般短暂绽放的爱情赎罪；是想静坐蒲团上，和自己的影子一起修禅。

"契阔死生君莫问，行云流水一孤僧。"他多次离开寺院，过着居无定所的生活。他自称曼殊和尚，来往于僧俗之间，出入文人名士之林，游走于烟花秦楼之所。

他贪吃暴食，任意妄为。他风流倜傥，喜歌妓舞女。他诗画出尘，意境清高。他落魄江湖，囊空如洗，卖字为生，寄食于寺庙，乞贷于友朋。

他多情自伤，辗转于上海青楼舞馆，结识无数佳丽红颜，却又对她们万般怜爱尊重，从不亵渎。他芒鞋破钵，踏遍樱花，遇见心中所爱，不肯辜负。只叹息："还卿一钵无情泪，恨不相逢未剃时。"

他生逢乱世，于时代的浪涛里，也掀起过风云。有人说他是革命僧，虽放浪形骸，却亦有凌云之志。奈何他人生这幕戏太仓促，未曾好好开始，就早早落幕。他说："相逢莫问人间事，故国伤心只泪流。"

于人世，他烟火美食，富贵佳人，样样皆爱。红尘是他的修行道场，匆匆一世，恨不能看尽万水千山。竟不知，到最后，这人间的禅院，只有孤独的自己。

不过三十五载，于许多人是开始，于他，是结束。西湖，那片山光水色相送了过客，也收容了归人；葬过高僧隐士，也有名妓

佳人。

苏曼殊有幸，葬于西泠桥，与名妓苏小小墓隔水相对，虽隔人世千年，却自有一段宿缘。有诗："残阳影里吊诗魂，塔表摩挲有阙文。谁遣名僧伴名妓，西泠桥畔两苏坟。"

她唱："妾本钱塘江上住。花落花开，不管流年度。"古来多少朝代，亦只如花落花开，管他多少兴废，几多荣辱，最后不过是巍巍山间，汤汤水畔，添了一座新坟。

是僧是俗，或来或去，有甚可喜，又有甚可悲。人间事，万般有定数，何必多强求。他自守那片山水，那寸光阴，那抹烟霞。

他说，一切有情，都无挂碍。

白落梅

目录

今　生　只　做　红　尘　客

孤雁

你相信前世今生吗？佛家说，前世有因，今生有果。所以一个人在出生之前，他今生的一切就已注定，注定好开始，亦注定了结局。也许你在前世只是一株平凡的草木，今生幻化为人，只是为了等待一份约定，完成一个夙愿，甚至是还一段未了的情债。每个人在人生的渡口，只需按照命运的指引，一路或急或缓地走下去，深味生命带来的甜蜜与痛苦。在平淡的流年里，看尽春花秋月，承受生老病死。

时光深沉如海，过去的无法打捞，纵然打捞得到，也只是一些残缺的记忆，无法弥补那么多渴望的心灵。都说人生如戏，只要穿上了世俗的华衣，戏里戏外都是真实的自己。在该开幕的时候开幕，该散场的时候散场，你可以很投入，也可以很淡然。但最终都只是人间过客，做不了归人。待要转身离去的时候，这些陷进了戏

中的人，不知道还能不能走出，用一生时光所编织的梦？

　　一百多年前的一个初秋时节，远在东瀛岛国，一个浪漫的樱花之都——横滨，一个平凡的生命来到人间。他和其他的生命一样，啼哭着降生，没有任何特别之处，甚至有些不合时宜。他就是苏曼殊，一个血液里流淌着高贵和卑微的人。没有人知道，这个弱小的生命今后有着怎样的人生，是风云不尽，还是黯淡无华？后来人们才知道，他就像一只飘零的大雁，飞渡千山万水，飞越红尘的喧闹和孤独，从落魄到辉煌，由繁华到寂灭。

　　苏家是广东望族，其父苏杰生继承殷实家业，远赴日本横滨经商，经营苏杭布匹丝绸，后转营茶叶，开创了辉煌的事业。苏曼殊的生母是日本人，有一个简单而美丽的名字——若子。苏杰生纳姐姐河合仙为妾，但私下又与妹妹若子相好，在没有名分的情况下，若子生下了乳名为三郎的苏曼殊。据说三个月后，若子就回乡下了。这个柔弱的日本女子看着襁褓中的婴儿，带着无限的悲戚与不舍离开了。她的离开在冥冥中引发了某种因果，让这个自小就失去母亲的孩子，也失去了一个孩童本该享有的温暖和幸福。他的薄凉就是从这时候开始的，并且纠缠他一生，不离不弃。

若子离开后，苏杰生亦不想提及这段露水情缘，只把它当作前尘旧事。为了免去一些生活纷扰，他谎称苏曼殊是河合仙所生。后来，有关苏曼殊的身世众说纷纭，人们很想知道这个富有传奇色彩的人物究竟有着怎样不同寻常的身世，却忽略了生命本平淡，不平凡的是风雨人生的漫漫历程，是一个人骨子里的气度和涵养。佛家说过，今生拥有的一切，其实都是前世带来的。苏曼殊卓然不凡的才情与胆识或许和前世相关，而他最终越过红尘的藩篱，袈裟披肩风雨一生，这是所谓的命定。也许他后来无数次在佛前相问，前世究竟是什么，一盏青莲灯吗？才会有此生的明明灭灭，仿佛要拼尽全力绽放自己的璀璨。然而用力太过，以致很快就油尽灯灭。情深不寿、强极则辱，在他身上得到了最好的诠释。

6岁之前，苏曼殊跟养母河合仙一起生活，那时候他还不懂得荣辱，不知冷暖。6岁那年，嫡母黄氏将他带回广东香山县沥溪村（今属珠海市）老家，与祖父母、叔婶、堂兄弟姐妹生活。深宅大院，朱红门扉，豪华厅堂，雕花古窗，一条通向富贵与荣华的苏家巷，里面却有太多人情冷暖、世态炎凉。这个被苏曼殊称作故乡的地方，有着古老东方的神秘和灵性的祖居，给了他美好而丰富的想象。这栋老宅却不能容一只漂洋过海的大雁栖居，他无法在这里筑

梦，无法安放他诗意的青春。抵达生活的深处，他触摸到的是屈辱和苦难，是伤害和无助。

苏曼殊自幼身体羸弱，这个富贵的家族带给他的只有歧视和折磨，让他幼小的心灵饱尝人间的辛酸。虽说"天将降大任于斯人也，必先苦其心志，劳其筋骨，饿其体肤，空乏其身"，可现实的冷酷无情就是一把锐利的剑，削去你所有的自尊和骄傲，伤得你体无完肤。多年后，尽管苏曼殊洒脱不羁，性情舒朗，但每当寂夜无声之时，轻轻碰触童年这道已结痂的伤口，还会疼痛，甚至血肉模糊。这就是印记，雕刻着一段屈辱和悲伤的往事。

苏曼殊7岁上私塾，初次接触文字，他就被那有生命、有灵性的方块字深深吸引。在书中，他找到了人生华丽的主题，找到了生活中不曾见过的美好和真心。长期的欺凌使他性格孤僻、沉默寡言，只有在茫茫书海中，他的情思才可以绵绵不绝、无边无际。文字虽然是一味良药，可以拯救羸弱的灵魂，却不能拯救痛苦的身体。婶婶刻薄狠毒，令他承受着常人难以想象的灾难。一次身患重疾，他被家人弃在柴房，气息奄奄，无人问津。

9岁那年，父亲苏杰生因生意失败，撤离日本横滨，回到故乡。那个鼎盛一时的望族，从此渐渐走向衰亡的结局。所谓盛极必衰，水满则溢，有时候，人力的挽留终是徒劳。苏曼殊12岁那年，苏杰生为了重整寥落的家业，赶赴上海经商。一年后，苏曼殊背上简单的行囊，走出了幽深的苏家巷，到上海和父亲一起生活。自此，他与故乡永诀。

黄浦江畔的涛声，激荡了这个少年内心积压已久的渴望。苏曼殊身处的年代，清朝将亡，民国待兴，是一个极其动荡的时期，这让一个由热血浇铸的男儿深深地明白，他应该有更辽阔、更远大的志向和梦想。在波澜壮阔的海上，他看到自己的一生注定不会平凡，注定要用血泪来书写一个传奇的故事。

在风起云涌的年代，他是一只孤雁，羽翼丰满，已经有足够的力量抵御人世的风雨。没落衰败的世相让他找到飞翔的理由，他有理由自我放逐，冲破人间的尘网，在洪流乱烟中接受更大的风暴。15岁的时候，他随表兄去日本求学，这只孤雁飞渡沧海，不是为了寻找避风挡雨的屋檐，而是将年华抛掷给如水的时光。用离别来换取新的开始，看命运又如何将他的人生安排。

佛缘

人本来没有故乡，因为某个地方触摸到内心最柔软的角落，让情感有了依附，便愿意给自己安个家，开始新的生活，创造新的人生。日本是苏曼殊出生的地方，这里与他原本就有着难以割舍的缘分。

15岁时，苏曼殊背着简单的行囊随表兄到日本。随后，进入横滨大同学校乙级就读。

无论苏曼殊是否知道河合仙只是养母，他对这个温柔的日本女性都饱含着一种敬佩和尊重。她不似故乡老宅里居住的那几位刻薄丑恶的妇人，她待他很温柔。童年那段深入骨髓的伤害，他没办法彻底地放下，纵是处在宁静的光阴里，也总会在不经意的时候，想起那不堪回首的过往。

河合仙给了苏曼殊应有的母爱，是他漫长风雨人生中倾泻而下的一缕阳光，铺洒在心中潮湿的角落，给了他从不曾有过的人间亲情。多年后，苏曼殊写了一首诗——《代河合母氏撰〈曼殊画谱序〉》："月离中天云逐风，雁影凄凉落照中。我望东海寄归信，儿到灵山第几重。"他以河合仙的口吻，写出一位母亲对儿子的思念之情。

虽然如此，苏曼殊仍常感叹身世孤零，他曾对一位老师说："你父母双全真幸福，但我则孤身一条，身世真凄凉。"慢慢地，竟生禅念。

据说，在大同学校就读的第三年，苏曼殊自横滨回广州，在海幢寺出家，后又转至蒲涧寺。

一个17岁的少年，本该血气方刚，他却愿意早早地掩上人生的重门，住进禅房，每日与经书、木鱼为伴。在一盏香油灯下，任流年冲淡记忆，慢慢从孤寂的情绪里走出来。寺院的生活确实简单清

净，每天除了为数不多的几个香客，整座庙里就只有僧人和古佛。他们每天上早、晚课，聚在一起参禅研经，或煮茶对弈，或独自静坐悟禅。一卷经书，承载了佛祖全部的记忆；一炷檀香，点燃多少明灭的时光；一缕钟声，唤醒世间迷梦之人。

苏曼殊来到寺庙，并非是想真正地修行，多少人世风景，他还未看过，多少人间味道，他还未品尝。只因身世孤零，才会如此心灰意冷，空门深处成了迷惘之人的避风港。人的一生，会经历很多苦痛，而时间会抚平一切伤痕。有一天，回首沧桑往事，那种平静，仿佛是讲述发生在别人身上的故事，与自己毫无瓜葛。也许这些道理你我都懂，可是置身其中，仍然会深陷泥潭，一点小小的创伤也会令自己痛不欲生。

在苏曼殊身上，我们看到了人性的脆弱，一种共通的脆弱。因为深感孤寂，所以自我放逐，或者自我封闭，行至悬崖峭壁，不敢纵身一跃，就只能自救。17岁的苏曼殊，还无力承担太多的生命负重，在那个本就动荡不安的年代，寺庙无疑是避难所，不仅可以栖居肉身，还可以拯救灵魂。

有人说，佛是虚无缥缈的，那只是消极避世之人所寻求的寄托。这世间的事原本就是信则有，不信则无。没有什么是百分之百的真实，就连昨天亲历过的事，到今天都有可能如梦过一场。无论你我做出何种选择，只要适合自己、可以解脱自己，就是正确的。付出与收获，从来都不会完全对等，人生这杆秤，又怎么可能做到绝对公平。多少故事，都是华丽地开始，落寞地结束。在既定的现实里，我们连疑惑都是苍白无力的，不管是点头，还是摇头，都要默然接受。

苏曼殊自认为可以过得惯庙宇里清寂的日子，以为决绝转身就可以彻底地割断尘缘执念，以为将自己囚禁在莲花的角落就可以赎罪，可以弥补情感的缺憾。所以他坚持剃度，剪去三千烦恼丝，为求彻底的清净自在。一入禅房，他便闭关静坐潜修，杜绝尘世往来，以此来告诉佛祖他的决心。摒弃人间五味，每日净素，这样清淡如水的日子，对一个过久了奢侈生活的人来说，或许是一种滋养；一个初尝世味的少年，要做到不染俗世烟火，未免有些力不从心。

他是一只孤雁，在云崖水畔，被雨水打湿的羽翼已经丧失了飞

翔的勇气。山穷水尽的时候，他为自己找寻到另一条出路，那里也许不是他魂牵梦绕的地方，却给得了他心灵的安稳。没有伤害，没有争夺，没有算计，每个人心中只有佛祖，手捧的是经卷，吃的是淡饭。日子简单明净，却也要自我约束。空门之地亦有清规戒律，这里只留耐得住寂寞的人。

其实，苏曼殊是一个很有悟性的智者，虽青春年少，悟性却高过许多年长的老僧。他有着过人的才情，读经参禅不似凡人，一点就通。借着这段清净的日子，他修身养性，让自己沉浸在佛法里，用空灵的禅境来摒除内心的苦闷。他甚至不得不承认，佛是一味解药，可解世间百毒，不但减缓了他的痛苦，让他在燥热时感受到清凉，而且使他在无主时有了依靠。

我们仿佛可以看到，一位身着僧袍的俊朗少年在一间狭小的禅房，度着寂寥的光阴。青灯黄卷，木鱼长箫，老旧桌椅，他可以拥有的就只有这么多了。透过一扇小窗，可以看到外面的世界，白日里，偶有稀疏香客，斑驳阳光；夜晚，就只是清风朗月，数点流萤。这样闲淡的生活，是诸多尘世中人心之所盼，因为无法拥有，才神思魂往。这是一种雅致却单调的生活，梦境和现实从来都有差距，当你真正如愿以偿才知道，许多的渴望原来并不是那般滋味。

在这人世间，我们都是最庸常的人，做不到高蹈世外。太多的意念驱使着你我，使我们不能恪守初心。今朝厌倦了俗世里拥挤的繁华，明天却又惧怕寺院里空寂的清冷。所以我们信服那些在世俗中，将日子过得有声有色的人，倘若没有对生活的热情，便无法做到那样投入；也该钦佩那些在寺庙中，将浓情岁月过得淡如清水的僧人，如若没有一颗禅定的心，又怎么可以将世间纷繁视作虚无。

若不是苏曼殊尘缘未了、执念难断，以他的资质和悟性，用数年光阴来修炼，必然可以成为一代高僧，那时候不仅度化自己，还可以度化众生。可他骨子里就不是一个可以痴守孤寂的人，一个小小的寺庙装不下他的不平凡。打湿的羽翼可以晾干，划破的伤口也会愈合。

是的，庙宇里的寂寞青灯，怎及红尘的琉璃烟火；淡饭粗茶，又如何抵得过佳肴美味。闭关多日的苏曼殊开始有些耐不住寂寞，一束闪烁的阳光，一片旋转的落叶，一缕温柔的清风，撩得他凡心萌动。他写下："山斋饭罢浑无事，满钵擎来尽落花。"此间的清

冷与落寞是常人难以体会的，过往深刻的伤痕渐渐地淡去，那种锥心的痛楚亦获得减轻，只有在想起的时候才会疼。

来的时候，苏曼殊没有交代任何人，走的时候，也不想跟任何人告别。他虽是孤雁，至少在他的世界里还是自由的，至于别人的冷眼他无须在意。傲慢也好，倔强也罢，他终于忍受不住当和尚的寡淡，在一个月黑风高的晚上离开了蒲涧寺。之后漫漫尘路，他没想过该如何走下去，或许依旧如飘萍般没有归宿，或许在滔滔人世逐波纵浪。

在寺庙的日子，就当作是拿青春典当了一份宁静。任何选择都是有得有失，至于得失多少，只有自己可以深刻体会。随缘自在，自在随缘，佛门就是如此，来者不拒，去者不留。苏曼殊迈出门槛的那一刻并不是那么决绝，他暗自对佛说：佛啊，终有一天，我还会回来，或许那时候，就再也不离开了。这并非是许诺，亦不是誓言，只是一个贪恋红尘繁华又割舍不了庙宇清净之人的一个简单心愿。

樱花

日本，一个生长樱花的国度，因了樱花而浪漫，因了樱花而多情。多少人为了这嫣然繁盛的花事，不惜跋山涉水，一往情深地赶来。走在春天的路上，仿佛奔赴一场安静绚烂的葬礼，只是这一切与悲伤无关。每个人在开始的时候，已经预备承受所有欢喜与悲伤。我们都有权利见证那一树树樱花灿然开放，见证枝头的美丽，以及纷飞的寂灭，而不去怪怨，人世的聚散原来这般凉薄难当。

离开蒲涧寺后，苏曼殊又去了日本，继续求学于大同学校。时值樱花盛开，整个日本就像被抹上了淡淡的胭脂，轻妆倩秀，有一种令人不敢逼视的美丽。那摇曳的枝头让苏曼殊恍惚看到自己的前世，语笑嫣然的花朵触动了他内心的诗情和浪漫，他几乎在花前求

佛许他一段尘缘，让他结识一个樱花一样的姑娘。

佛怜悯了苏曼殊，真的让他邂逅了一个如樱花般美丽的女子。
他明白，此生所有的誓约都将为她而许。我们无法想象，他和那位
叫菊子的日本姑娘，有着怎样一个美丽的邂逅，却知道，这个女子
牵系了他一生的情感。他告诉她，世间万物皆为佛而生，他，只为
她而生。她告诉他，在这红尘乱世，她，只为他百媚千红。一个年
少俊朗，一个风华绝代，他们拥有人生最好的年华，给得了彼此承
诺，可以爱得舍生忘死，爱得不管不顾。

这个多情的日本女子，用她的温柔抚慰了苏曼殊多年的孤苦。
那一道道结痂的伤口，总在午夜时莫名剥落，带给他揪心扯肺的
痛。梦醒之后，是菊子为他洗净昨日的伤口，用柔情研磨成药，给
那颗烧灼的心敷上清凉。在此之前，苏曼殊不知道爱情是什么，在
此之后，爱情成了他不能戒掉的蜜糖。

与菊子相恋的两年，苏曼殊的生活发生了翻天覆地的变化，先
是于1902年转入早稻田大学高等预科中国留学生部，次年春天又改
入成城学校（振武学校旧称），学习陆军技术。其间，结识了很多

朋友，加入了"青年会"，经常参加兴中会活动。

但命运没有眷顾苏曼殊太久，刚让他尝到人生的甜头，就当头棒喝。菊子蹈海殉情了。

菊子在他心里播下了一粒情花的种子，用她的眼泪来浇灌、生命来喂养。在情花开到最灿烂的时候，她悲伤地离去，连再见都来不及说。人生就是这样，你祈祷无风无雨，却会有更大的灾厄来袭。你无力承受，只能让灾难蔓延，到最后将你吞噬，连骨头都不剩。而那株情花并不会因为其中一个人的死去，就不再妖娆，反而会开得更加惊艳，鲜红似血。

没有谁愿意相信，世间会有如此残忍之人，将一段美好的爱情生生拆散，就像是将枝头那一对并蒂樱花无情地折断，不但不带回去好好观赏，反将它们弃入尘泥，任来往的路人践踏。多少故事都是以喜剧开始，以悲剧结束，就算我们可以预料到结局，身处纷芜人世，仍旧无处可逃，只能在真实的时光中，糊涂又清醒地活着，于爱恨交织的年华里，看自己的心被岁月慢慢掏空。青春年少时，也许你有足够的筹码和时光下一次赌注，但是不必过于认真，因为

樱花
: :

最后的赢家绝不会是你。

　　苏曼殊以为远离了苏家故土，就意味着和他们诀别，却不知身上流淌的血液，不容许他有任何的背叛。是流年长了翅膀，将他们远在日本的恋情传递到家乡。当我们天真地以为，遥远的距离可以筑就一个世人难以抵达的港湾，却不料，伤害原来可以无孔不入，它会穿越时间和空间将你我找寻。苏曼殊的本家叔叔知道他和菊子相恋，斥责他的行为败坏了苏家名声。这个从来不曾享受过苏家荣耀、在屈辱中长大的落魄少爷，却要莫名地承担苏家无理的责任和野蛮的家规。苏曼殊视苏家为毕生的耻辱，他决然地说出，这个家族一切荣辱与他无关。

　　并非无关就可以免去纠缠，苏曼殊本家叔叔恶劣地将他和菊子之事，问罪于菊子父母。这对软弱的夫妇禁不起指责和辱骂，在盛怒之下，痛打了原本疼爱有加的女儿。他们的初衷，不过是希望菊子可以幡然悔悟，了断她和苏曼殊这份孽缘。却不想，一个恋爱中的少女拥有多么脆弱的心灵——它柔弱得就如同那一朵含露的樱花，一阵微风就可以将其吹落。菊子在当夜投海而亡。她没有和任何人告别，只用死亡来证明她对爱情的坚贞；她决绝得不让自己回头，是因为她不想给任何人退路。

红颜的命运，是一张吹弹可破的薄纸。柔弱的菊子，可以勇敢地为爱倾囊，将自己鲜红的血溅落在生命那块素洁丝帕上，为我们洇开一个凄美的爱情故事。爱是毒药，情是利剑，却终究抵不过世俗的剧烈和冷酷。在春天的枝头，她就这么华丽地转身，让我们都记住樱花的美。

樱花落

十日樱花作意开，绕花岂惜日千回？

昨来风雨偏相厄，谁向人天诉此哀？

忍见胡沙埋艳骨，休将清泪滴深杯。

多情漫向他年忆，一寸春心早已灰。

仿佛只是刹那，纷落的樱花已铺满了一池的春水，让苏曼殊如何接受这样悲绝的死亡？一寸春心，已成灰烬。这祸是谁闯下来的？是苏曼殊？是菊子？是苏家的人？抑或是那一树开得难舍难收的樱花？在注定的悲剧里，已然没有追究缘由的必要，任何的话语都成了虚伪的谎言。破碎的梦，似樱花一样轻，落在会疼的心上。

苏曼殊将悲伤制成肴馔，佐一杯往事的酒，痛饮而下，孤独亦断肠。他期待可以和菊子交换人生的杯盏，彼此用眼神相拥。菊子撒手离世，不给他留有余地，是因为她明白，她深爱的男人还要接受宿命的安排。

这个被苏曼殊误认为是故乡的地方，原来也不过是生命里一家苍凉的客栈，暂时栖居了飘零的灵魂。一个简单的承诺，他都给不了，反添了一段情债，误了青青韶华。这份聚散的因果，一时间让他无从收拾，只能背负罪恶，仓皇而逃。我们看到，这位他乡异客，鞭马，扬尘。樱花纷纷飞舞，还未落尽的时候，那个人，已在天涯。

入世

在这人世间，我们常常会遇到许多挫折，命运就像是一池春水，时而波涛汹涌，时而风平浪静。我们不可能随时紧握绳缆，临水而行难免会打湿衣襟。人生总是有太多的辜负，心伤的时候只想逃离，选择遁世离尘。没有谁生来就是看破红尘生死的智者，若非尘缘远去，亦不会有那么多人遁入空门。我们都是尘世的戏子，以为脱下了戏服，在戏还未结束之前逃离，就可以躲过那场悲剧，却不知人生这场戏才刚刚开始。

其实错了，尘封自己，只是因为昨天的热情已死，可我们的肉身还在。活着就不能彻底了断孽缘情债，任何时候，都只能背负行囊上路。我们不能将自己做成蝴蝶标本，肉身还在，灵魂已去。生命里有太多的邀约，没有谁可以做到遗世独立，心如止水。

苏曼殊看过了悲剧，就这样披星戴月，落荒而逃。那个为情投水的女子，从此，成了日本一个凄美的传说。后来，经过无数人的演绎，她就像中国一种叫杜鹃的鸟，在海边痴守一段爱情，日日啼叫，魂兮归来。苏曼殊却成为一个薄情负心之人，只因他没有和爱人同生共死，在最后一刻选择逃离。

真的是苏曼殊懦弱吗？这个在樱花树下期许一份爱情的男子，没有守住誓约，到头来演绎了一场深情的悲剧。当爱情在一夜之间成为往事的时候，他其实早已将所有的真心双手捧出，根本没想过要归还丝毫。是眼前的沧海，成了无尽的桑田，让他心痛难当，他才决意远离。苏曼殊走的时候，不在乎世人是否会还他一个清白，因为坚忍的他，清楚地知道，没有谁会相信，他将为这段情窦初开时的恋情，付出怎样的代价。

有人说，苏曼殊因为菊子的死万念俱灰，决计回国。1903年初秋，苏曼殊随留日苏州籍学生吴帙书、吴绾章兄弟经上海到苏州，后在吴中公学社讲学。这是梦里的江南水乡，他的心因为江南的温婉柔情而更加疼痛。多少次午夜梦回，他听到菊子在遥远的海边哭泣，那声音穿越万水千山，与他仿佛只隔一道薄墙。那么悲戚，似有无限哀怨，却欲说还休。苏曼殊只希望，人间有一座鹊桥，可以让他飞渡，这样就可以免去菊子的孤单。他承认自己是懦弱的，因为他不敢和那场樱花一同奔赴死亡。

石桥杨柳，烟雨梅花，江南的风情和日本似乎完全不同。江南水乡的美，让人心醉，而日本樱花的美，却让人神伤。青瓦白墙，乌衣长巷，总是有结着丁香愁怨的姑娘，会不经意地从他身边经过，掀起他心底深深的悲伤。苏曼殊不敢再奢望一段爱情，来打发他苍白脆弱的流年。他的爱，给了日本的菊子，他是带着罪恶回到中国的，一个背负着罪恶和愧疚的人，又该拿什么去重新开始一段恋情？但他这样一位风流才子，生命里注定不会只有一个女人。

在江南的苏曼殊，沉默寡言，不轻易与人谈笑。平日里，独自一人在小屋里作画，画了不少，其中有送包天笑的《儿童扑满图》。他有着画画的天赋，随意的涂鸦都传神灵动。将过往的记忆落笔在徽宣上，深深浅浅，刻下的都是伤痕。这些伤痕也烙在他的心里，永难磨灭。苏曼殊不仅有着绘画天赋，还有着文学天赋，他的诗自然流畅，写尽了人生况味。

入
世

这一年中秋，苏曼殊到上海，任《国民日日报》翻译，与陈独秀、章士钊、何梅士共事。其诗《以诗并画留别汤国顿》发表于《国民日日报》副刊。"蹈海鲁连不帝秦，茫茫烟水着浮身。国民孤愤英雄泪，洒上鲛绡赠故人。"又在许多个清寂的午夜，独自一人囚在小屋里伏案创作小说。苏曼殊始终认为，只有在翰墨里徜徉、游走的那个灵魂，才是最真实的自己。融入文字里，他会发觉，原来自己的内心还是这么向往宁静。纷繁的尘世给不起他想要的安稳，飞扬的烟尘无孔不入地钻进骨髓，似要将一颗洁净的心彻底吞噬。

苏曼殊开始怀念在寺庙的生活，午后的长廊，温暖的阳光静静地洒落，他看着自己的影子禅坐。一杯茶，由浓转淡，原来消磨时光也是一种美丽。在那里，不需要担心被光阴追赶，他静坐在蒲团上，从黄昏到黎明，从花开到花落，都无人责备。人生风景永远都是这样，当你拥有时，反觉得那么遥远；当你失去时，却又觉得贴得那么近。

这样平静的日子持续到《国民日日报》被查封。几个月的努力就这样付诸东流，这对苏曼殊来说无疑又是一次打击。苍茫人世，太多的机遇摆在眼前，却都难以好好把握。今天或许还是明丽多姿，明日就已是暗淡无彩，我们不过在为一段又一段短暂的缘分做着无名的感叹。你看着一树一树的花开，却不知道哪一树是属于自己的。

匆匆开始，匆匆结束，人生真的就像一场戏，悲喜皆不由己。苏曼殊不知道自己一番执着换来了什么。落寞之际，他收拾简单的行囊选择出走，从上海辗转至香港，但他心里明白，香港不过是生命中一次短暂的旅程，给不了他想要的那份安定。站在时光的檐下，他感到前所未有的怅惘，他自己都不明白想要的究竟是什么。

剃
度

人的一生会做许多不同的梦，在梦里我们畅想着美好的明天，醒来却要面对残酷的现实。人生如逆旅，你热忱地沿着人生轨道行走，以为可以看到想要的风景，却总是失望。当来时路已被落叶覆盖，你和我都无法抑制住内心的悲伤。沮丧的时候，不是选择继续匆匆赶路，只希望可以找寻一个客栈栖居疲惫的灵魂，躲到一个连自己都找不到的地方，或许才是真正的无争。

苏曼殊从香港回来，走进惠州一间破庙，再次选择剃度，或许没有几人认同他的做法。人生是一场牌局，而他是个不按规则出牌的人，倘若与他对弈，你往往会被他的思路弄得措手不及。他本就不是一个寻常的人，所以不能用寻常的眼光将其看待。不知是谁说过，一个才高气傲的人，他任何不合常理的作为都不为过。

苏曼殊自问才高八斗，他不需要为自己的行为给世人一个明白的说法。

20岁的苏曼殊已是第二次出家。这对他来说，无疑又是一场判决，好比一只翱翔在天空的风筝突然断线，它的命运必将是坠落深渊。苏曼殊剃光了浓密的头发，披上袈裟，做回了和尚。他抛却了纷芜世事，重新选择在寺庙修禅受戒，不知道是一种回归还是一种逃离。

没有人知道，这一次苏曼殊将会在寺庙修行多长时间。以他的性情，如何耐得住青灯古佛、芒鞋破钵的寒苦岁月？让他彻底放下情爱、不食酒肉，无异于一种残忍的惩罚。也许他亦向往离群索居、孤寺独隐的生活，可骨子里总有微妙的情思撩拨他的心事。所以我们不能指望苏曼殊同许多僧人一样，循规蹈矩地在寺庙里做一个六根清净的和尚，也别指望他回到红尘，将自己彻底地交付给烟火。也许我们只需记住，他就是这么一个半僧半俗的人，既做不了真正的和尚，也做不了完整的凡人。如果不能容忍他的怪癖，就只好远远地祝福他，祝福他在那个乱世做自己。

剃
度
·
·

很多时候连他自己都不知道，为什么是这样一个矛盾的结合体。也许我们每个人都是矛盾的结合体，在愉悦之时会莫名地感伤，在喧闹之时会不由得失落。走过人生长长的路程，蓦然惊觉，多少悲喜其实都系住了前因。缘分是一把刻度模糊的尺，任何时候测量都会有偏差。你记得住昨天那段情缘的深浅，却无法丈量明天故事的短长。苏曼殊虽有过人的悟性，却终究无法掐算人事。日子像是一场无尽的等待，每一页空白的书卷都需要用真实去填满。

所谓做一天和尚撞一天钟，苏曼殊也许就是抱着这种心态寄身于寺庙。他不知道自己哪一天又会厌倦这里寡淡的生活，望着桌案上那盏孤独的青油灯，生命就如同这灯盏，油尽时，一切都随之寂灭。也许只有他自己知道，他和佛到底结下了几世缘分，不然今生他为何会几次三番走进寺庙。命里注定他会是一个惊世骇俗的人，所以他没有必要做无谓的遮掩。住在庙里，和处在红尘中没有太多区别，他常常会喝酒吃肉，酩酊之时全然忘了佛教的戒律清规。

人生有太多的束缚，苏曼殊也常常身不由己，但他无法管住自己的心。他的心一如天上的云彩飘忽不定，你看他洒脱的时候，内心其实是茫然的。因为茫然，才会这样散漫无羁。寺庙原本是这世间最安宁的归宿，他却一如既往如浮萍般无根地飘荡。禅坐的时候，苏曼殊会不由自主地想起外面缤纷的世界，想起在某个小巷与他邂逅的女子，想起酒馆里那一坛高粱和大盘的卤牛肉，想起在戏院里他扮演的青衣。

　　人生真的是一场戏，我们在不同场地更换不同的舞台，在不同的人面前扮演不同的角色。每个人从出生就披上了戏服，直到人生落幕才可以回到最初的自己。我终于明白为什么这世间有那么多的人，感叹自己就像一个伶人，因为每一天我们都在上演离合与悲欢。在庙宇，苏曼殊是一个年轻得道的僧人；在政界，苏曼殊是一个卓尔不凡的革命先驱；在情场，他是一个风流倜傥的多情才子；在世俗，他是一个放荡不羁的狂人。每一个角色都是最真实的他，每一个角色又都濡染了虚无的色彩。

　　几个月的寺庙生活，让苏曼殊好像冬眠了一场。这个冬日，他每天煮茶赏梅，诵经坐禅，空茫时到街巷买点酒肉，甚至夜不归宿。他向往的生活是没有任何羁绊的，宁做一片流云，也不做佛前的一盏圣水。他将灵魂寄存在这里，有一天还会像大雁一样展翅飞翔，或许无所依靠，老死在某个落叶纷飞的秋天里，或许还会回

来，那时候就再也不会离开。

　　春暖花开的时候，苏曼殊的父亲苏杰生病逝于乡间，而苏曼殊却拒不奔丧。苏杰生临死也没有见到这个被他放逐的儿子，这个让他心怀愧疚的儿子，或许在死前，他乞求得到苏曼殊的原谅。时过境迁，苏曼殊依旧无法忘记儿时所遭受的屈辱，那道伤痕横在他的心口，时刻提醒着他不能忘记。人的心太脆弱，有些伤害需要用一生的时光来愈合。佛说，做一个心胸宽阔的人，忘记仇怨，记住恩情。可我们都不是佛，难以将所有的仇恨一笔勾销，难以禅坐于莲台上，拈花微笑，淡定平和。

　　缘生缘灭，只消刹那，苏曼殊不知道他和苏杰生的父子情缘也就一世，等到喝下孟婆汤，来生谁还会记得谁。他不能原谅自己的父亲，是因为他无法忘记童年的伤。不是住进了寺庙，就可以放下，就可以不再迷惘。人生有太多的遗憾，错过的无法重来，破镜难以重圆，伤痕修复得再好，也还是会有印记。

　　这个春末，苏曼殊彻底地清醒了，离开栖息一冬的寺庙，辗转好几个地方，后自上海启程到暹罗（泰国旧称），开始学习梵文，并应聘于曼谷青年会。后远赴锡兰，应聘于菩提寺。夏末，回到广州；又从广州抵达长沙，任职于实业学堂，与张继、黄兴共事。其间，疑参与华兴会机密事务。苏曼殊承认自己是个静不下来的人，尽管他亦向往修篱养鹤、邀三五知己煮酒吟诗的闲逸生活。乱世里飞扬的烟尘无处不在，纵然你逃至世外桃源，也依旧会沾上一身的风尘。

春雨楼头尺八箫，何时归看浙江潮。
芒鞋破钵无人识，踏过樱花第几桥。

苏曼殊就是这样，一个人徒步，一个人摇桨，一个人策马，将自己抛回红尘深处。他始终适合做一只飘飞的大雁，在不同的地方筑巢，来去匆匆，不需要为任何院落守护老旧的梦。都说风云乱世没有安稳，或许是因为儿时家庭的伤害，苏曼殊心里一直想有个温暖的家，又惧怕有一个家。所以他总是在行走，总是行踪不定，像一个浪子，连行囊都是多余的。今天在芦花似雪的岸边，明天又会在天涯的哪端？

剃度

尘
缘

生活这把利剑每天将我们割伤，削去丰腴的肉，留下清瘦的骨。乱世里，任何完整美妙的梦都不能维持一个午夜，醒来之后，只见满地支离破碎的记忆。我们明明知道好梦难以成真，却又无法压抑自己的思想。放任是一种尝试，有收获的喜悦，也有失去的伤害。如果可以，每个人都希望停留在美好的时光里，静静地看细水长流。可我们又无法不依从光阴，像落花一样随它流淌，不知道漂向哪个方向，亦不能有片刻的停留。

苏曼殊是热忱的，他将热忱的心交付给革命，交付给事业，交付给情感。每一次都来不及细细品味，就被岁月的浪涛给淹没，被满院的荼蘼花覆盖。他一生所经历的种种都恍若昙花一现，美丽却短暂。苏曼殊参与的华兴会起义，在冬天失败，这一年，他21岁。

21岁，就像一枚树上刚结出的果子，青绿而微涩。当许多人还不解世事，苏曼殊却早已遍尝人情风霜，懂得生活中那些深刻的迷惘。与他共事的同仁纷纷出走，各自奔赴前程，苏曼殊留在了湘地，仍执教于学堂。

一切都是缘分，缘分不仅在人与人之间，人与事之间同样如此。就像封建朝代的帝王，有些帝王和江山的缘分长久到数十年，有些短暂得只有一天。22岁的苏曼殊，在这人世间结下了许多段缘分，却似乎从未久长过。事实上，我们都是人间萍客，没有谁注定可以一生安稳。不是过到下落不明，就是老无所依，到最后，一个小小的土丘便是我们共同的归宿。我们都要离去，只不过是时间早晚的问题，在不同的季节结束一生的悲喜故事，那时候，所有的幻想都一同埋葬，而梦长成了小草。请相信，风中摇摆的是那些不死的灵魂。

他在莲荷开放的时节离开了长沙，回到上海，后又辗转至南京，任教于陆军小学。在这期间，他参与筹建江南书报社，拜会了陈三立、陈衡恪，与伍仲文切磋佛学。苏曼殊不肯让自己停下来，在那些未知的时光里，他似乎有某种难以言说的预感，预感他的日

尘
缘

031

子会过得比任何一个人都要仓促。他怕自己的一次沉思，一个回眸，一声叹息，就将流年蹉跎。这原本不该是一个青春正盛之人所存有的想法，可苏曼殊怕自己会成为江中之石，沉落无声，多年以后再没有人会记起他。

难道我们真的就该活得跟蝼蚁似的，在灿灿日光下不断地寻寻觅觅吗？生活在一座城市，无论你有多忙碌，多么地身不由己，都需要给自己一个宁静的空间。在某个阳光细碎的午后，择一个老旧的茶馆，或一间西式的咖啡屋，品一壶清茶，喝一杯浓郁的咖啡，或静坐参禅，或思悟人生，或怀想年轻时一段浪漫的爱情。至少这清静的时光属于自己，烦恼也曾来过，可是被风吹散，愁闷也曾邂逅，可是匆匆擦肩。

忙碌的生活因为没有情感而显得单调，生活就像是一杯苦茶，而情感是茉莉花，调兑在一起，这杯茶则芬芳四溢，沁人心脾。人活在世上，有诸多苦楚萦心，若不懂得自我调解，终究会被纷芜的世相掩埋。红花有绿叶相陪，高山有流水为知己，阳春有白雪做伴，人又岂能孤独于世，独挡红尘滚滚风烟？苏曼殊自问是个多情的人，他的心常常会为一次邂逅而柔软，为一个眼眸而跳动。他曾经和一段缘分擦肩而过，来去匆匆只留下无以复加的遗憾。

　　都说三生石上记载了过去、现在和未来的姻缘，尽管苏曼殊苦苦地压抑自己的情思，可是他此生终究逃不过情劫。金陵，六朝古都，有着胭脂珠粉堆砌的繁华，无论是徜徉在桃叶渡，还是彷徨于莫愁湖，这座城市都飘荡着一种令人无法抗拒的馨香。当年的秦淮八艳惹得多少帝王将相、风流才子为之痴迷，无论是血溅诗扇的李香君，还是容貌倾国的陈圆圆，她们的一颦一笑、一歌一舞皆影响了风流雅士的前程，甚至主宰了江山的命运。

　　当年杜牧游秦淮写下了"商女不知亡国恨，隔江犹唱后庭花"的诗句，他的心难道就真的那么坦荡？是陈后主沉迷于靡靡之音，视国政为儿戏而丢了江山，他却将这些过错强加在那些为生活所迫而卖艺的歌女身上，天生丽质、冰雪聪明竟成了一种不可饶恕的过错。一个妩媚多情的女子对一个精力旺盛的男子有着无限的诱惑，她们的错是不该抛头露面，不该让世间男子掀去神秘的面纱，她们只能像小草一样躲藏在潮湿的墙角，让岁月埋葬美丽的容颜。难道这样，帝王的江山就可以千秋万代永不丢失？

　　难道杜牧走进秦淮画舫，出入歌场妓院，就不为那些绝代才女所动？岂不知，女子的气节有时远胜男子，当年柳如是劝丈夫殉节，名士钱谦益不允，剃掉额发归降清廷，这又是红颜的错？自古红颜多薄命，是因为这些堂堂男儿将闯下的祸归罪在弱女子身上，灾难来临的时候选择落荒而逃，让红颜承担历史的罪过。秦淮河依旧，涛声依旧，我们摇着桨橹还能打捞到什么？脂粉盒？碧玉钗？还是一把老旧的木琴？或是哪个帝王遗失在岁月深处的贴身印章？

　　当苏曼殊来到这座繁华的金陵古都，生出的却是和柳永一样的思绪："忍把浮名，换了浅斟低唱。"苏曼殊被乱世里的刀光剑影划伤，只有女子温软的柔情可以抚平他的伤口。徜徉在秦淮河可以忘记自己的身份，可以将浮名抛却，在莺歌燕舞的人间和红颜交杯换盏，没有逼迫，没有伤害，没有束缚。在她们面前，心灵可以彻底地放松，险恶的人世、诡谲的政治在这里不值一提。在这里，采云霞为羽衣，削竹为笛，在清凉的晚风下，吹彻一首首动人的古曲。

　　不必询问情深情浅，不必担忧缘起缘灭，我们都是红尘中的匆匆过客，谁也不是谁的归人。寄身于烟花巷的歌女，早就明白人生是一场游戏，所以她们不会轻易将真心交付给任何男子。苏曼殊深知自己是个僧人，他虽然不守清规，但亦不会肆意荒诞。他珍惜这些女子，感叹她们的身世，就像宋时的柳永一样，视她们为知己，而并非如寻常男子那般只为消遣寻乐。苏曼殊流连于烟花深巷，沉醉于歌舞酒声，早已忘记来时之路。他承认，这段秦淮时光是他一生中最为快活逍遥的日子。

苏曼殊虽每天和歌妓聚集在一起，舞动桃花，舞尽明月，可他有原则，从来不与她们共榻同眠。他用心灵和她们相交，觉得精神之恋远胜过肉欲之欢。正是因为苏曼殊珍爱她们，所以在他落魄之时，这些青楼女子愿意收留他。寝食在一处，苏曼殊依旧可以禅定，不动欲念，这样一个特别的和尚不得不让人另眼相看。他向往自由散漫的生活，却不会过于放浪形骸，他认为，红尘也可以是菩提道场，同样可以修行，可以度化万千世人。

苏曼殊是割舍不了情爱的，无论身处何地，所做何事，心里总被情爱所缚。这世间割舍不了情爱的又何止是他？多少人为了断孽缘情债辗转几世轮回，只不过苏曼殊袈裟披身，又是个才华横溢的

诗僧，他的情自是比凡人的更耐人寻味。在这平淡的日子里，你应该和我一样，想要知道苏曼殊如何在纷扰的红尘里演绎他离奇的人生故事。昨天的故事，余下的只是回忆，明天的故事，却是你我不能猜透的谜。

际遇

窗外下起了凉凉的秋雨，意味着明天又有一场别离，和落叶的别离。一个人过久了安稳的生活，向往门前那些匆匆往来的背影，亦期望自己的人生可以有变数，不枉自蹉跎。一个俗世的浪子却期待有一天可以停下脚步，鞋底不再沾染天南地北的尘土。多么矛盾的人生！任何的变迁都是在给自己寻找完美的借口。也许过去我们都是贫穷的人，当日子富裕的时候，却发觉丢失了从前简单的快乐。在这落叶飘零的秋天里，多少人跌进更深的迷惘中，悲伤得不能自已。

这个秋天最后一枚落叶凋零的时候，苏曼殊离开了他纵情几个月的金陵，离开了秦淮河畔的莺莺燕燕。来的时候，他知道会有别离，所以他不曾对任何一位红颜许下誓约。也许这样可以走得轻松

些，无论将来是否还有缘得见，只需记住曾经拥有过的那段美丽。人的一生最怕的就是欠下情债，世间万物可以拿来变卖，或者交易，唯有情感不可亵渎，一段情债耗费一生的心力都未必能够偿还得清。

人生无不散之筵席，相聚欢喜，别离伤悲，其实不过是路上的偶遇，共同走过一段路程，转弯的时候道一声珍重，这样也算是云淡风轻。无论是苏曼殊还是那些青楼歌妓，都是见惯了别离的人，不需要折柳寄情，亦没有热泪沾巾。收拾好残局，又会是一个新的开始，就像窗外的枯树还会长出新的嫩芽，所以我们大可不必一厢情愿地守候已经远去的结局。

苏曼殊脱下了青春的彩衣，又披上袈裟，他来到杭州，寄居在西湖之畔的白云庵。西湖如画，世间一切美景都抵不过这里的山水。多年前，苏曼殊第一次与西湖邂逅，就知道前世一定来过这里，并且与西湖的水有过美丽的约定。有时候，自然山水比人更懂得感情，多少人将自己的一生交付给山水草木。西湖是无语的，可是在任何时候它都是那么风情万种。它收藏了许多人的梦，被无数人的故事滋养得更加丰盈。

隐居西湖孤山的林和靖，一生梅为妻、鹤为子，来了之后就再也没有离开这片山水。还有苏小小，这位卑微的歌妓高傲地死在西湖，停止呼吸的时候，带着如花的笑靥。苏曼殊也曾去过苏小小的墓冢前悼念这位佳人，为她惋惜，那时候，他还不知道自己与这位隔了千年的红颜有一段不解的情缘。他们从不曾遇见，却有缘在死后相伴，像影子一样地不离不弃。

　　这些年，苏曼殊去过许多名山古刹，可他对西湖白云庵的情感最为深切。也许是他对西湖的情结，也许是因为白云庵有个月老祠，又或是祠门的那副对联：愿天下有情人都成了眷属，是前生注定事莫错过姻缘。苏曼殊就是如此，相信一切的姻缘际遇，所以每当看到这些字就会怦然心动。我相信，月老祠是他喜欢白云庵最根本的理由，还有庵内的那株梧桐树，以及那些老死的秋蝉，年年岁岁，重复着一种悲喜。

　　然而，苏曼殊来到白云庵并不是为了坐禅修炼，也不是为了求月老赐他一段情缘。他是白云庵的常客，每一次到来都是为了躲避纷乱，让自己在晨钟暮鼓中找寻解脱。但他似乎过得并不潇洒，没有邀约知己西湖泛波，花间对饮；也没有携手歌妓月下漫步。西湖

际
遇
·
·

039

是一个适宜纵情浪漫的地方，来过的人都想要在这里谈一场恋爱，在断桥上留下一段情缘，希望多年以后，风雨归来，西湖可以交付出当年收藏的情缘。

我始终觉得，苏曼殊在西湖一定和某个歌妓，一个如同苏小小那般风华绝代的女子，有过一场刻骨铭心的爱恋。是人间四月，他打马街头，马蹄践落一地杨花。他的马惊动了缓缓行来的油壁车，还有车上那位高歌的佳人。"春花秋月如相仿，家住西泠妾姓苏。"她不是苏小小，却有着和苏小小一样动人的风姿。苏曼殊被她惊世的容颜俘获，又是一场宿命的劫，他们谁也逃不过。青骢马，油壁车，一对玉人，在西子湖畔形影不离。千古情事相同，以最浪漫的色彩开场，却大多以悲剧落幕。

当年的苏小小为了阮郁，拒绝所有仰慕她的男子，独守在西泠小楼。那个男子与她欢情过后，便打点行囊离去，竟连一封书信都没有寄回。鸿雁往返无数次，捎不来丝毫与他相关的消息，一代红颜苏小小就这样为薄情男儿大病一场。只有这西湖的山水，西湖的琴月，没有将她辜负。苏曼殊亦是天涯浪子，行迹飘忽不定，最终辜负红颜的也必将是他。这不禁令我想起徽州女人，她们嫁入夫家后不久就要禁受离别之苦。徽州男子大多外出行商，运气好的，几载光阴就可以回归故里。运数不好，有些人一辈子漂泊在外，甚至客死异乡。而这些女人，就在马头墙里倚着一扇小窗默默地守候一生。

每一天，每个人，在每座城市，发生不同的故事，华灯初上时，万家灯火里点亮的是冷暖不一的人生。今日我在这里讲述别人的旧事，明日又是谁把我编进他的故事中？谁也不知道，当年的苏曼殊在西湖究竟和哪位女子擦出过爱情的火花，历史隐藏了太多的真相，又经过无数人笔墨的删改，已失去了当年的味道。也许我没有把握将他的故事写得多么生动感人，至少可以知道这个人物在那个时代所渲染出的色彩，以及他不同凡响的人格魅力。就像千百年不曾更改的西子湖沉落了太多人的故事，也会因为钱塘江涨潮而奔涌。到最后，留下的也只是那么几个惊心动魄的情事。

据白云庵和尚回忆，苏曼殊真是个怪人，来去无踪，他来是突然来，去是悄然去。你们吃饭的时候，他坐下来，吃完了自顾自走开。他手头似乎常常很窘，老是向庵里借钱，把钱汇到上海一个妓院中去。过不了多久，便有人从上海带来许多外国糖果和纸烟，于

是他就不想吃饭了。独个儿躲在楼上吃糖、抽烟。

不知是该叹怨还是该责备这位行为荒诞的和尚。芒鞋破钵在苏堤行走，在断桥残雪上彷徨，一个落魄又飘零的诗人，一个丢了前世又找不到今生的痴者，不知道他在寻觅什么，也不知道他究竟想要得到什么。白云庵是他暂时遮风挡雨的归所，他不打坐，不敲木鱼，不诵经，只躲在小楼上过一种颓废的生活。或许是因为他的才情，使得他的身上有种让人不敢逼视的荒寒，所以这里的住持以及别的僧人对他也多生出容忍慈悲之心。在佛前，没有谁愿意和一个飘零的过客计较太多。

又是一个漫长的冬天，这一年的西湖不知道下了几场雪，宋代那个叫林和靖的孤独隐者早已寂灭无声。只有一只老鹤、几树梅花守候在孤山，向来往的路人低诉一段老去的往事。春天到来之前，苏曼殊折了一枝梅花，来到苏小小墓前，为这位佳人送上一缕芬芳。这是苏曼殊唯一可以做的，因为万物苏醒的时候他又将离开这里。

策马扬鞭，将一段西湖情事抛掷在身后，苏曼殊时刻谨记，自己是一只飘零的孤雁。他可以在任何地方筑巢休憩，却不能像蚕蛹那样作茧自缚。穿着芒鞋，托着破钵，背着诗卷，一路上寂寞地吟唱。没有人知道他真正来自哪里，见过他的人却永远不能将他忘记。

萍 踪

人生总是在不断地行走，多少人如同花木长在你必经的路口，得到后又失去，拥有了又会遗忘。无论是简单或是隆重的告别，都不要把记忆带走，因为任何的离别都意味着你是天涯我是海角。时光终会让彼此老去，一切的过往也终将在某一天归零。当我们走到无路可走的时候，岁月会给人生的戏曲写上剧终，包括情感，包括生命。

苏曼殊似乎习惯了和人说再见，看着他渐行渐远的背影，也就顺理成章地认为他是寂寞的。事实上，世间有许多人相逢后转眼就成了陌路。喜欢一个人不一定要拥有，哪怕彼此不曾说过一句话，没有交换过任何眼神，这份缘也静静地存在。很多时候，面对迎面而来的匆匆行人，我们真的无从辨认谁才是自己一直寻找的那个人。只是看着繁华一次次登场又退场，上演着相遇的惊喜和转身的迷离。

你年少时爱慕了许久的一个人，突然一天被你弄丢，然后又被不断地寻找。流年匆匆，你随岁月老去了容颜，当有一天，你寻找了多年一直盼望见到的人就站在身边。你曾无数次想象重逢时该会是怎样惊心的场面，是拥抱还是热泪盈眶？却不知，韶光已将一切改变，你们再也不是当年的模样。一个你思念了半生的人，一个你梦里梦外都想要见到的人，原来已经这样苍老，苍老得就只是一个陌生的人。你甚至连相认的勇气都没有，就选择了落荒而逃，希望在这瞬间擦去过往所有的记忆，丝毫印记都不要留存。当初的惊艳，当初的无限依恋，像是被上苍有意愚弄的笑话，让人不知所措。

1906年初春，苏曼殊从杭州赶赴长沙，任教于明德学堂。他教书，一则是因为他喜欢这职业，可以将自己的思想传播给别人；再则是他需要一份工作，他的生活一直过得很窘迫，他需要钱来买烟抽，买糖吃。苏曼殊在物质生活上并不是一个奢侈的人，但是他离不开美食，贪吃成性，也许是因为吃可以减轻他精神上的负担

吧。每个人面对压力，都有不同的消遣方式，或寄情山水，或沉迷酒色，或自我封闭。苏曼殊就是一个在红尘中独自行走的痴者，一次次梦境被现实粉碎，还是坚持做自己，坚持爱自己所爱，坚持深尝自己调下的一杯人生苦酒。

这年暑假，苏曼殊去了上海，随后和陈独秀踏上了东渡的航船，去寻养母河合仙。日本就是他的第二个故乡，二十二年前的初秋，他在这里出生；五年前樱花开放的时节，他在这里和一个日本女孩发生刻骨铭心的爱情，最后以悲剧收场。那年的樱花，开到最灿烂的时候，被一场风雨无情摧折，连叹息的时间都不给，留给看客的只是无尽的遗憾。

当年苏曼殊带着遗憾与愧疚离开，可每当他茫然失措时就会想起日本，这个给过他柔情与伤痛的岛国。人总是这样，无论日子过得多么仓促，走得有多么远，在疲倦、孤寂的时候都会停下脚步回首过往的漫漫路途。身上的每一道伤痕都触目惊心，并不会因为时间的流逝而淡去多少。我们习惯了这些伤，习惯依附这些伤，去回忆从前那些美好而破碎的日子。大千世界纷纷扰扰，我们不断地寻觅，却不知道哪里才是最后的归宿。也许最初的地方，就是记忆永远停留的角落。

　　苏曼殊忘不了日本，也无须忘记日本，不论他在天涯的哪一端，心飘荡多久，都想要回去看看。回去，回日本去，一只孤雁飞渡茫茫沧海，抵达梦里的岛国。那里有给过他亲情的养母，尽管此行没有见到；有给过他爱情的菊子，尽管已经魂不知所归。每次想起，苏曼殊心中既温柔又凄凉，他喜欢这种不声不响的痛，无须别人懂得，只留在自己的心里，一个人怀念，一个人孤独。

　　苏曼殊这次东渡日本就是为了寻找河合仙，她虽是苏曼殊的养母，可自苏曼殊懂事以来，第一声母亲唤的就是她。也许他并不知道，自己有一个叫若子的母亲。那个悲剧性的女子和苏杰生悄悄地发生一段恋情，生下苏曼殊就离开了。6岁之前的苏曼殊在河合仙温情的呵护下成长，那时候的他就是一株种植在日本的樱花树，也许很柔弱，却有一方适合自己的水土。6岁被带回了广东老家，这株樱花树无法适应岭南的气候，只能渐渐枯萎。

6岁那年离开日本，苏曼殊就开始了他飘荡浮沉的生活，在风起云涌的乱世尝尽人间辛酸。15岁那年，他回日本寻到了养母河合仙，河合仙带他来到出生地——距离横滨不远的樱山村。也是在这个美丽的小山村，他遇见菊子，初尝了爱情的甜蜜。如若不是苏家长辈用莫名的理由将他们拆散，苏曼殊是否会和菊子在日本那个小山村安度流年？

18岁，一个初知情事的少年，也许他只懂得如何去爱，却不懂得如何去厮守。以他放浪不羁的性格，一个异国小山村，一个平凡的日本女孩，难道就可以将他留住？或许他愿意和她欢度一两年光阴，在樱花树下守候几次花开花落，在海浪声中静待几次潮来潮往。时间一久，苏曼殊必然会厌倦这份简单与安宁，不是因为他薄情，而是命里注定，他要做一只飘零的孤雁，飞渡万水千山。

一个满腹才学的中国人，身处乱世，又怎能置民族安危于不顾，独自欢娱于日本岛国？樱花固然浪漫，爱情固然甜美，每个人活在世上都有自己的使命，还应有许多的追求，在生命尚未结束的时候又如何可以放下责任？他们的爱情就是那枚苦涩的青果，等不到成熟就要被摘下，青涩的味道在记忆里留存一生。

五年之后，23岁的苏曼殊再一次悼念这段爱情，觉得遗憾已是多余。他比任何人都明白，倘若菊子还好好地活着，他们或许可以多缠绵几年，但结局还是一样。人性是多么懦弱，只喜欢为过错寻找理由，多少人爱上这句话：有多少爱，可以重来。是的，有多少爱可以重来，有多少人值得一生等待？滚滚红尘，每一天都有无数的相逢无数的别离，每一天都在演绎不同的悲欢离合，谁也不会是谁的永恒。岂不知，这五年，苏曼殊又爱过多少人，有过几段感情，只是他深知，给不了承诺，只得隐忍地爱，又落寞地离开。

河合仙，这个端庄贤惠的日本女性，因为苏杰生的离去只能孤独地守候在一个小山村。栽种几树樱花，闲度漫漫岁月，偶尔看看遥远的帆船，猜想船上是否载着她思念的孩子。据说她后来另嫁他人，卑微的人生被命运割得伤痕累累，疼痛到无法言说。河合仙牵系着苏曼殊在日本所有的梦，让他那些失落的梦、破碎的梦得以重新寻回。以后的岁月，他需要靠这些梦维持住心中对樱花美好的思念。

来来去去，江湖风雨，萍踪浪迹，苏曼殊没有遇到河合仙，怀着失落的心情回到上海。疲倦了的苏曼殊想入留云寺为僧，但终究未果。又是秋天，落叶纷飞，每一片叶子都带着一种隔世的静美。秋天的路上，有些人已经学会了安静，有些人依旧在行走。

擦肩

在这世间，有太多的事无法预测。晨晓踏着阳光悠闲出门，黄昏在雨中奔跑归来。坐一夜的车去那个人所在的城，却发觉他早已离开。从夏天开始就等候一场冬雪，气温却骤然升高。说好了要彼此不离不弃，只一个春天就相忘于江湖。许多的人都希望对方可以给自己承诺，却不知承诺也会随流年散落。多少诺言散落在漫漫风尘中，连碎片都找不到。可我们还停留在过去甜美的梦中，自欺欺人地自我安慰。

苏曼殊自诩可以把握自己的人生，却也无法预测结局。我们亦是如此，许多事、许多情感，只知道开始，却不知该如何安排结局。无奈的时候只会仓促逃离，把过错丢给别人，把情债留给自己。至于何时还清，何时了断，却没有好好想过。一些人喜欢在黑

夜里独坐，不点灯，却又害怕夜的黑。一些人喜欢泡一壶茶，看细芽在水中绽放，却不品。伫立于高楼，看世间万象，人真的太渺小，尽管芸芸众生像岩石一般千姿百态地存在，可终究也只是把离合悲欢写尽。

江湖，江湖是什么？江湖到底在哪里？有人的地方就有江湖，江湖在人心。江湖多风浪，如果心真的安静平和，所有的恩怨情仇都会烟消云散。如果心不能从容淡定，每一天都将是刀光剑影。一百多年前，一个叫苏曼殊的人以一种特殊的方式浪迹江湖。他时而披着袈裟，芒鞋破钵，吟哦动人的诗歌，云游四方；时而西装革履，出入青楼妓院，挥霍无度，过着红尘俗子的生活。半僧半俗，行为与常人迥异。他就是这样戏剧般地张扬自己的个性，没有人猜得到他在想什么。苏曼殊从不在意别人的目光，他只听从自己的心，他的心会告诉他该以何种方式活在这世间，该何去何从。

苏曼殊从上海到杭州，寄寓在杭州白话报社。仅一个星期，他又从杭州转回上海。他就是这样辗转于江浙沪一带，从这个安静的镇到那个热闹的城，永远居无定所。爱上一个人，会爱上她所在的城，苏曼殊在不同的城市流转，也会爱上不同的人。他的爱似乎比任何人的都坚定，又比任何人的都懦弱。穿上西服，他风度翩翩，流连于烟花之地，他的才情与气度令许多女子为之着迷。在他身上，有着世俗男子没有的潇洒与豁达，他可以随时为某个女子吟诗作曲，对她深情缱绻，似乎甘愿付出一切。可真当那些女子要为他抛弃一切时，他又会软弱地逃离，以佛命难违做借口，一次次地辜负红颜。

苏曼殊之前在南京，结识了一位秦淮歌妓金凤。这位名叫金凤的女子，琴棋书画样样精通，能歌善舞，清丽脱俗的容貌深深地将苏曼殊吸引。事实上，许多青楼女子因为姿色不俗，又颇具灵性，便要接受专业培训，她们的才情和气质往往胜过许多大家闺秀。加之她们身处青楼，看惯了南来北往的贵人商客，阅历深厚，内心成熟，更显风情万种。飘荡于江湖的苏曼殊需要这样善解人意的女子，一个眼眸，一声叹息，她们就懂得该如何宽慰这些客人。

青楼女子无情，是因为她们曾经把情托付出去，却得不到回应。歌妓这一身份就像是烙印在皮肤上的刺青，一生都无法抹去。她们带着这卑微的烙印，在屈辱中度过漫长的一生。青楼就是染缸，就算你是清白之身，在世人眼里你依旧是风尘里打过滚的女

子，不及良家女子干净。这些女子被海誓山盟欺骗过，被虚情假意蒙蔽过双眼，所以不愿意相信这世间还会有真情，还会有一个男子愿意忘记她们的过去，一生为之画眉。她们并非无情，而是不敢用情，任何的多情都是对自己的伤害。

　　每一天来往于青楼的男子都是过客，无论他们以哪种身份来到这里，不管是贵族王孙，还是名门富商，都只是过客。在青楼，不需要真情，只需要逢场作戏。各自穿戴好戏服，在华灯初上之时抹上浓妆，以最虚假的自己示人。在声色犬马中放下世间一切束缚、纷扰，这里可以满足人们无边的欲望，可以放声地哭、大声地笑，不需要任何伪装。因为一夜之后，彼此又是最陌生的人，可以当作从不曾认识。

　　苏曼殊是秦楼楚馆的常客，他似乎与其他世俗男子有所不同。那些男子多为欲念而去，不带任何感情色彩，当清晨第一缕阳光透过窗格落在屋内，他们就拂袖而去。苏曼殊却是为自己的心而来，他喜欢在无助时和某个青楼女子把酒夜话，诉说衷肠。他真心地爱慕与怜惜她们，从不曾加以轻薄，因为他视她们为红颜知己。也许别的男人把她们当作一件玩物，需要时视若珍宝，不需要时弃如敝屣。可苏曼殊自始至终尊重她们，在他眼中，人和人应该是平等的，没有高低贵贱之分。

苏曼殊和这位叫金凤的歌妓情深意笃，有过许多美好时光。可当她真的说"赎我出去，让我们永远在一起"时，苏曼殊却以沉默相待，继而是用一贯的方式逃离。他以为脱下西装，披上袈裟，就是最完美的借口。懦弱是暗器，比刀剑还锋利，无形之中将人割伤，以为没有流血就不会疼痛，殊不知，无痕的伤更加痛彻心扉。

后来，金凤嫁给了一个外地的商人，总算脱离了青楼，这对她来说是一种福分。可苏曼殊内心有说不出的酸楚，想起往日与金凤的情爱，他心绪难平，用心作了一幅画。春草如丝，碧湖荡漾，垂柳依依，一人仰卧孤舟，怅望空寂苍茫的港湾。他在画上题诗两首，其一："好花零落雨绵绵，辜负韶光二月天。知否玉楼春梦醒，有人愁煞柳如烟。"其二："收将凤纸写相思，莫道人间总不知。尽日伤心人不见，莫愁还自有愁时。"无论是画里，还是诗中，都流露出对金凤深深的眷念，还有无尽的离愁。

是不是世间的人都如此，失去的永远都是最美好可贵的，而

擦肩

真正拥有了，却像是捧着一块美玉，怕自己不小心给摔碎。与其最后要失去，不如从来不曾拥有。尽管如此，放手的时候依旧会有遗憾，尤其看到那块美玉捧在别人手心，佩戴在别人腰间，真是有种无以复加的酸楚和遗憾。一个青楼歌妓不敢轻易对一个男子付出真心，一旦交出就是覆水难收。就算金凤还爱着苏曼殊，不怪怨他当初的薄情，彼此相见也只是徒增叹息。人生最大的遗憾莫过于，你爱的女子已嫁作他人妇；莫过于，你爱一个男子却不得不嫁给另外一个人。

苏曼殊的一走了之意味着将金凤抛弃，此后她就是风中飞絮任自飘零，至于落入谁家，已经不是苏曼殊所能掌控得了的，就连金凤自己也无法主宰自己的命运。金凤心中没有怨，她或许比任何人都明白，苏曼殊这个人只适合相爱，不适合相守。自此，他们天各一方。或许他们还会想起彼此，或许早已相忘于江湖。

饶恕

　　人的一生有许多无法躲避的劫数。劫数，是命里注定的厄运，是灾难，是大限。也许你今天与死神擦肩，明天又不知道会卷入何种浩大的灾难里。许多得道高僧可以预知自己大限将至，安顿好一切，端然坐化。生老病死，或许很多人已经可以坦然面对，可编排在宿命里的情劫，却总是让人措手不及。

　　《红楼梦》里，贾宝玉和林黛玉邂逅在贾府，就是前生注定的劫。他们不是单纯的萍水相逢，一切都有前因，前世有过相欠，今生得以遇见，是为了还清宿债。他们的情缘就是几载光阴，债清之时就是缘尽之日，所以无论他们多么相爱，终抵不过人世的风刀霜剑。宝玉兴冲冲掀开新娘的红盖头，看到"世外仙姝寂寞林"变成了"山中高士晶莹雪"那一刻，情劫也就历完了。《神雕侠侣》

中，小龙女在断肠崖上纵身一跃，音信杳无，而杨过孤身一人浪荡江湖，用整整十六年的光阴等待一个不存在的约定。这十六年，就是他们命里无法逃脱的劫数。相比之下，用十六年的等待换一生厮守，还是值得的。

如果说当年那场樱花之恋，菊子的死是苏曼殊不可逃离的劫，那么这段秦淮之约，他和金凤的有缘无分，同样是他生命里另一段无法改写的情劫。许多人起先是不相信宿命的，认为自己可以主宰自己的命运，经历得多了，被无数个无力改变的结局戏弄。感叹之余，不得不承认，真的有命定之说。每个人都是藏书库里的一卷书，有繁有简，有厚有薄，可故事早已被命运之笔写好，我们从此就是伶人，按着书中的情节在人间扮演属于自己的那个角色。

我始终相信，每个人的前世都是一株花草，有妩媚多姿、风情万种的，也有简约平凡、朴素安静的。花草生长的季节不同，性情不同，命运也不会相同。你今生最钟情的那朵花，那株草，一定和你前世缘定。你借着花草的灵魂来完成今生的使命，带着与生俱来的缘分和情结，穿行在悲喜交织的人世间，还清该还的，讨回该讨的，又欠下不该欠的。

金凤的嫁离，对苏曼殊来说始终是一种伤害。但这些罪过缘起于他自己，所以他无力去责怪任何人，只好自我沉沦，更加频繁地流连于烟花柳巷，出入秦楼楚馆。苏曼殊天性多情，旧情依稀还在昨日，当他看到那些美貌多才的歌妓，又一次次为她们心动不已。这一时期，苏曼殊爱慕的歌妓有桐花馆、素贞、花雪南等人，这些女子都是青楼里最为出色的歌妓，无论才貌还是气质，都高出众人一筹。

苏曼殊自问只是一个平凡的男子，他无力抵抗世间任何美丽女子的诱惑。她们的才貌与成熟的心性是致命的一刀，为之散尽千金都属不值一提的小事，甚至为红颜丢失性命也无遗憾可言。苏曼殊对她们倾囊相待，也许是他的真心令她们感动，苏曼殊窘困之时，这些歌妓亦相助于他。这不禁又令我想起了北宋那位风流词人柳永，他一生奉旨填词，潦倒在烟花巷，词是知己，歌妓是情人。他死后无钱安葬，是往日与他有情的歌妓纷纷解囊，将他葬在北固山，他所能带走的也只有令世人称羡的才情，留下一阕《雨霖铃》，供后世在冷落的清秋时节来回地吟唱。

或许柳永也会是苏曼殊偶然想起的一位词人，人和人之间最

微妙的情感就是缘分，千古帝王无数，千古词人无数，千古红颜无数，能让我们想起并为之怀念的却仅有那么几个。喜欢一个人，就会喜欢其所在的城，喜欢与之相关的一切，因为你会觉得与之相关的事物，都能沾染到他的温度和气息。我相信，苏曼殊看到樱花必定会生出难言的情愫，纵然看到一只南飞的孤雁，也会不由自主地想到自己。

走在落英缤纷的小径，擦肩的都是陌生的过客，却总会有一个人让你生出似曾相识之感。也许这个人在某世就是你的亲人，或者知己，所以今生你们初次见面，亦会有这样熟悉的感觉。相逢一笑，或许在以后的日子里再也无缘得见，只一笑，就铭记于心，温暖许多孤寂的岁月。当苏曼殊走进青楼，看到那么多莺莺燕燕的歌妓朝他走来，他亦可以很从容地找寻到一位令他心仪的女子。

苏曼殊真心爱慕这些歌妓，和她们诗酒相欢，可他在心里依旧砌了一堵墙，他尊重她们，从来不曾逾越半分。事实上，这些青楼歌妓遇到自己所钟情的男子，甘愿付出自己的所有。她们认为，爱一个人就该彼此交付，彼此索取。对于苏曼殊这个特别的人，不能理解的歌妓私下纷纷议论，说他是个痴傻的和尚。苏曼殊从不理会别人的目光和言语，他照旧和她们在精神上相恋，爱得真实，也爱得疼痛。

据说，金凤嫁给商人之后，苏曼殊最迷恋的歌妓是花雪南。花雪南生性温婉、聪慧多情，就像江南稠密的烟雨，绵软得可以抚平他的惆怅。苏曼殊常常沉醉在她温软的柔情里不能自拔，这场烟雨惊动了他的前世，他把她称作是雨中的丁香。许多时候，他们就这样在一个落着烟雨的午后，煮一壶花茶，静听檐雨的浪漫，看光阴缓慢地流淌。花雪南是颇有风情的，一种不张扬的风情，低调的风情，她的风情足以抚慰一个浪子半生的疲惫。

花雪南亦为这个年轻多情的和尚心动过。苏曼殊用一个午后的时光对她诉说自己辛酸的过去，花雪南听后想用自己的温柔和真情，来慢慢修补他千疮百孔的心。丁香是一味药，她痴心地以为把自己研成粉，熬成药，就可以治好苏曼殊多年的宿疾。当她勇敢地吐露真情时，苏曼殊却说："与其结为注定走向痛苦的夫妻，招忧惹怨，倒不如各自归四海，反倒值得回味。"在苏曼殊看来，与其朝夕相处在一起，到日后心生厌倦，不如将美好的时光封存在记忆中，想起时翻出来，细细咀嚼，更有无穷韵味。

饶恕

神女有情，襄王无梦。我们没有理由去责怪苏曼殊，怪他给不了还去招惹别人。无言以对，找不到理由的时候，苏曼殊只将这些当作是生命里的情劫，在伤害别人的时候，同时也伤了自己。也许这些青楼女子早已习惯了这样的结局，世俗男子一次次给她们希望，又让她们在等待中枯萎。她们应该知道，和顾客之间只是一场游戏、一场交易，你在游戏里谈感情，在交易里讲真心，受到伤害就是咎由自取。

烟雨还在纷落，窗外的青石板路还是那么湿滑，可苏曼殊已经等不起，在阳光到来之前，他就要离开。他就是这样，一如从前选择逃离，披上袈裟，风雨兼程。其实他走得一点也不潇洒，万千情丝缠绕于身，他是否真的可以彻底斩断，彻底放下？人生有太多的隐忍，而这些苦是自寻而来，就像肩上的行囊，轻重是自己选择的。

苏曼殊从青楼走出来，躲进上海某个公寓，气定神闲，自习梵文，静悟佛法。这个时候，他又俨然当自己是个出家的僧人，在佛祖面前十足虔诚。岂不知，不消多少时日，他又会毅然起身，行走他乡。

在世人眼里，苏曼殊的情带着几许疏狂和放纵，或许许多人都以为，这个痴傻和尚放任的行为，是既负如来又负卿。但真正设身处地为他着想，又觉得他的所作所为都情有可原。佛说，饶恕是最大的美德，愿每个人都拥有一颗宽容慈悲的心，饶恕别人，也饶恕自己。

情
花

　　这世界有许多条路可以通往莲花彼岸，只有一条路不通。佛祖度化世间芸芸众生，只有一个人不能被度化。许多的故事都适合在老旧的时光里静静想起，只有一个故事，注定被人遗忘。喜欢一个人，会希望和他永远相守，就像水和岸、花和叶。忘记一个人，则希望永远与之擦肩，就像晨晓和黄昏、昨日与明天。

　　一只飘零的孤雁也有疲倦的时候，倦累时，需要找寻一棵树，或一个屋檐，静静地孵一场梦。红尘过于纷扰，漫步在某个幽静的丛林，你会不忍心去惊扰一个贪睡的鸟儿，一株正在沉思的小草，一只在岔路口守候缘分的白狐。苏曼殊栖息在一座老旧的屋檐下，他知道，远方真的很远，他只想短暂地停留，淡淡地回忆。

梦醒的时候，这只孤雁振翅高飞，抖落一树的枯叶，无人打扫。苏曼殊从来都是这样，沉醉在自己的世界里，顾不得行色匆匆的人流。1907年，早春二月，他与刘师培、何震夫妇再次赶赴日本。这一次，不再是为了拾捡失落的旧梦。他居住在东京牛込区新小川町二丁目八番地民报社，与章太炎、陈独秀交往甚密，情同手足。在此期间，他翻译《梵文典》，自撰序言，章太炎、刘师培亦为之作序。

　　日本的樱花啊，真是有着致命的美，穿过一片灿烂的樱花林，仿佛可以邂逅前世的故事。不知为何，苏曼殊去日本总会恰遇樱花绽放。置身于樱花中，我们可以忘记这个岛国一切的纷纷扰扰，只记得樱花的风情，樱花的美。世间有一种花，叫情花，想必樱花也是情花的一种。它是毒，尝过之后会顺着血液流淌到全身，让中毒的人此生再也无法忘记。苏曼殊不知道自己是在前世还是今生中了这毒，他对樱花有着宿命般的眷恋。

　　逝去的情感如漂浮于水上的樱花，已不知流向何方。这世间有多少人将你忘记，就有多少人将你记起。当你不能彻底将一个人、一件事遗忘的时候，就好好珍藏，封存在某个不容易碰触的角落，

情
花
·
·

夜色阑珊的时候，悄然想起。苏曼殊就是如此，在日本的这些日子，他尽量不去回忆过往。樱花是那么凄美，他不想轻易惊动那些已经安歇的灵魂。可是樱花，那撩人的樱花总会让他浮想连连，像中了蛊一样，时不时发作一次，意念一动，便纠缠起来。

这些时日，苏曼殊重新拿起了画笔，这个被世人称作画僧的和尚，他的画亦是生命里不可缺少的主题。那些流淌的水墨亦如一场梦，梦里可以交换四季，颠倒日月。你可以在萧瑟寒冬看到春暖花开，阳光水岸；可以从嘈杂的现实走进画中，和古人一起坐看云起，在枫林醉染的山间举杯畅饮；也可以和画里某个红颜许下一世的谎言，尽管醒来只是南柯一梦。我终于明白，这世间为何有那么多的艺术家，痴迷画、痴迷书、痴迷摄影、痴迷金石玉器，因为现实中不能得到的，书画里有，古玩里有。它就像是一种弥补，用梦境去填满内心的虚空，只有这些静物不会和你计较，你以真心相待，它以真情还你。

仅这年4月，苏曼殊就发表《猎狐图》《岳鄂王游池州翠微亭图》《徐中山王莫愁湖泛舟图》《陈元孝题奇石壁图》《太平天国翼王夜啸图》五幅画于东京《民报》增刊《天讨》。对一个画者来说，这无疑是一种莫大的激励。或许桀骜不驯的苏曼殊并非是一个名利客，他不屑于这些虚名，但无论是谁，都希望自己的画作得遇知音。茫茫人海，有那么几个人读懂自己的画，读懂那份孤寂的心事，也算不辜负付出的辛劳。

人生在世，活着是一件多么不易的事，每天被孤独包裹，像一粒尘埃飘来荡去，一直在寻找知己、寻找归宿。为什么要相信缘分，为什么会萌生情感，是因为我们知道，这世上凡尘来往，会有和自己心心相印的人。我们不能一直寂寞下去，我们需要陪伴，哪怕不能相守，也要陪伴。我喜欢这句话："就这样相陪，陪得了一日算一日。"不能预测明天，我们可以拥有今朝，亦是一种柔弱的满足。

这只孤雁的羽翼，在阳光下似乎更加丰满，只觉得碧色长空，其志如云。之后他又相继发表了绘画作品《女娲像》《孤山图》《邓太妙秋思图》和《江干萧寺图》。这一年的时光对苏曼殊来说，仿佛是浸在水墨里。笔中日月，画里春秋，他的日子因为书画不再单调。年华流逝无痕，任凭你经历再多，也都消散在风中。而水墨会呈现在纸上，伴随你一生，以及你离开尘世之后的无尽岁

月。也许这就是所谓的永恒，无论时光有多长，只要有人珍藏，写过的字，描过的画，会蒙上薄薄尘埃，却不会因为流光而湮灭。

人活着总是要有一份寄托，就像大海需要蓝天，泥土需要草木，流水离不开落花。苏曼殊的寄托似乎比别人多些，他难以做到只钟情于一种事物，倾心于一个人。在每一段感情中，他都付出了真心，纵使辜负亦不是有意。活在人世间，对未来所发生的事、所邂逅的人都无从知晓。许多事情并非出自本意，因为我们根本就无法掌控，没有谁可以做到洒脱自如，收放由心。如同祸福，如同缘分，哪天就莫名地降临在你身上，你想假装没有遇见，却不知转身已经来不及了。

苏曼殊以为自己可以不再轻易为某个女子动心，可当他邂逅西班牙牧师庄湘的女儿雪鸿之后，又被她那双美丽多情的大眼睛深深地吸引。雪鸿亦痴迷于这个倜傥的年轻和尚，这个一生传奇的人物是她生命中所不曾遇见过的。可当庄湘对苏曼殊提出"雪鸿非常爱你，你是否愿意做我的女婿"时，苏曼殊又同以往一样，躲进自己所筑的坚固城墙里，哽咽道："这是错误的爱，亦想为自己的爱负责，可叹佛命难违。"说毕，拂袖离去。

雪鸿看着他决绝的背影，叹息道："既然你已决定终身事佛，为何还要爱我？"然而苏曼殊一旦决意离开，就不会回头。他之所以会几次三番去日本悼念菊子，是因为菊子已然过世，一个灵魂不会有现世的纠缠。他向往安稳，期待相依，又害怕被情感捆绑，无法自由地挣脱。这就是苏曼殊，他多情时可以将所有的坚硬粉碎，无情时又可以令柔软冰封。如若用常人的目光看待，他的作为确实令人难以理解。事实上，这种矛盾心理他自己都不明白，来来去去，只是随自己的心。

　　没有人知道，其实他的心也好苦，每一次伤害别人的同时也割伤了自己，别人在流血的时候，他自己也躲起来疗伤，不知道这算不算咎由自取，但他确实一直在奔走，在路上。他总是行色匆匆，时而袈裟披身，寂寞吟哦；时而穿戴整齐，风度翩然。命运让苏曼殊扮演着几种角色，他努力做好，似乎只有这样才能完成他不同寻常的人生。生命之火不灭，情缘难尽，在伤害雪鸿之后，苏曼殊依旧会伤害别的女子，尽管是无意的。

　　这一年，苏曼殊想去印度学佛，没能如愿。初秋时节，他数次与陈独秀一同探望养母河合仙。他对这位日本母亲有着一份深刻的

情结，这份情，似寒冬的炭火，似午夜的星光，似过河的石头，从开始到最后，一直支撑着他走完漫漫人生路。这一路走来，有得有失，任何人都无法精确地计算得失到底是多少。只记得曾经去过的地方，曾经爱过的人，曾经有过的梦。

归

去

人的一生究竟可以看几次花开，几次花落，又究竟要经历几番相遇，几番别离？有些人，漫长的一生过得波澜不惊，有些人，短短几载光阴已历尽沧桑浮沉。也许很多人都曾经问过自己，活着到底是为了什么，又在等待什么。为了等待水滴石穿？等待顽石点头？等待铁树开花？抑或是等待地老天荒？看到巍峨的高山，倾泻的瀑布，纵横的阡陌，我们都会觉得，人原来是这样渺若尘埃。

人生下来的时候并没有故事，也没有伤痕。故事也许是命运强加在身上的，伤痕却是自己给予的。光滑柔嫩的肌肤，被岁月风蚀得印迹斑驳，任凭如何去滋养，都不可能恢复如初。这伤，只有等着一个懂得你的人去心痛，去疼惜。又或者独自背负着，赶往那一道杨柳依依的岸，赶赴那一场簌簌纷飞的雪。行至山穷水尽的时

候，我们总会说不如归去，可是竟不知，那时的你我灵魂早已孤独
无依。

　　骄傲的苏曼殊从来都不肯承认自己是孤独的，他倔强地以为，
这些年所经历的人事，都被珍藏在人生这本书里，落入精妙的画卷
中，或是被封印在意念的禅定里。可事实上，他是那么孤独，爱过
的人丢失在过往的时光中，经历过的事遗落在逝去的岁月里，走过
的路隐没在苍茫的风烟里。日子过得越久，心就越荒芜，因为快乐
和疼痛编织的光阴，会让灵动的心变得麻木，到最后，模糊了爱
恨，淡漠了悲喜。

　　遇见一个人，并不知道是缘还是劫，只有彼此爱过、伤过、拥
有过、失去过，才知道到底是什么。生命中这么多的过客，来来往
往，不知所为何事。其实人与人之间就是欠债和索债的关系，若是
有一天你被谁辜负，大可不必讶异，有可能你曾经欠过他。如若没
欠，来世结草衔环，他也会回报。苏曼殊一路匆匆，他辜负了那么
多人，难道都是红颜相欠于他？如果没有，那么他欠下的，该要还
到何时？

苏曼殊的25岁，大半都是在日本度过的。在这期间，似乎没有遇见太多的人，也没有发生太多的故事。他病过一场，在日本横滨医院静养。3月，迁往东京鞠町区饭田町六丁目二十一番地天义报社与刘师培、何震夫妇同住。他画过一幅《万梅图》，译成一本《娑罗海滨遁迹记》，还出版了《文学因缘》首卷。剩余的日子，他就读拜伦的诗消遣。事实上，4月，因章太炎与刘师培交恶，刘氏夫妇迁怒于苏曼殊，他移居另一友人处。

　　不知是谁说过，简单会让人贫乏，寂寞会使人老去。在波澜不惊的日子里，苏曼殊偶尔会向往烽烟四起，只有这样他才觉得人生没有虚度。人真的是一个矛盾体，忙碌的时候渴望寻找一份宁静，可是真的安静下来，又害怕虚掷光阴。人以为自己可以控制情绪，却常常被情绪左右。所以我们每个人都要用一种适合自己的方式，来完成背负的使命。这过程，是浓是淡，是起是落，是悲是喜，与人无关。

　　这一年的9月，苏曼殊回国，至上海。又到杭州，住在西湖边的白云庵。在这里，苏曼殊重新过上了落魄颓废的生活，因为只有西湖的山水、寺院的钟鼓，才会宽容他的任性。他的到来，仿佛是

归去：

073

在接受佛祖的惩罚，又似乎得到了佛祖的怜悯。若不是被诅咒过的人生，又如何会这般漂泊。住在庵里，好过一个人在尘世流浪，尽管他已经过不惯寡淡的生活。白云庵给他一座小楼，躲进去之后可以不管春秋冬夏。

苏曼殊一如既往，不肯循规蹈矩、恪守清规。花光自己所有的钱，又向庙里的住持借，全部汇去上海，让以前结识的歌妓买来大量的糖果。他把自己关在小屋里尽情地享用，在佛的脚下也毫不顾忌，就这样浑浑噩噩地过着日子。他的行为是这样地令人不能谅解，可佛祖亦宽容他，不忍将之怪罪，仿佛任何怪异的事发生在他身上都不足为奇。苏曼殊活得太真实，他放任自己的心，是因为他的心还没有蒙尘，他不愿意掩饰，是因为他还做不到虚伪。没有谁可以疾言厉色地去批判一个用真实说话、用心生活的人。

过往那么多的青楼歌妓，都没有见过他如此寂寞、如此颓丧，因为他的孤独和颓废从来都是在无人之时表露。只有走进他心里的人，才知道他光鲜的外表下，隐藏着一颗潮湿柔软的心。苏曼殊以为自己泥泞的心最适合生长清雅洁净的荷花，事实上这世间美好的草木大都种植在泥土中。而荷花长在淤泥中，比之其他花木更圣洁无瑕，她被佛赋予了神圣的使命，这使命生生世世永无更改。

芸芸众生，总是会出现那么一些传奇人物，他们的与众不同让人留下深刻的印象。有些人让人记住的是容颜，有些人让人记住的是身世，有些人让人记住的是性情，还有些人让人记住的是故事、是感动，而苏曼殊让人铭记的，是他的半僧半俗、萍踪浪迹，以及他与无数红颜的露水情缘。

或许我们不应该怪罪他如此不安定，乱世之下没有不被惊扰的人生。他是一只孤雁，喜欢白云，喜欢清风，才会有漂泊的美丽。强行将一只大雁关进牢笼，免去凄风苦雨，要它努力适应安稳的生活，这不是仁慈，而是残忍，就如同将鱼放逐在岸上，将树种植于水中，将一株梅花移至夏天开放，叫一只秋蝉转到寒冬死去。

不久后，苏曼殊从白云庵转至韬光庵寄住，在这里，他似乎比在白云庵有所收敛。虽然他改不了贪吃的习惯，但是闲时倒也像个僧人，打坐品茗，诵经写诗。兴致好时，还会和庙里的僧人一起上早课和晚课，和他们一起研习经文。他的思维总是比别人的更加灵动和跳跃。寺院原本就是他红尘之外的家，如若不是尘缘未了，苏

归去……

曼殊禅定于此，以后的人生或许就没有那么多变幻，而佛史上也会多位一代高僧。他永远徘徊在佛门与尘世的边缘，以过客的方式来人间走一遭，让人想要忘记，却又总是会想起。

我们每个人走过一段路程，都会感叹，人生是这样无常。无论多么努力地想要留下痕迹，或是在历史上占有一席之地，但是来去匆匆，始终也只是个过客。在浩渺的时代风云里，我们是一粒微小的沙尘，永远都做不了命运的主人。在没有选择的情况下来到世间，尝尽人情百味，又带着不舍与遗憾离开。明知道所有的结局都是一样，终将寂寂无闻，可还是会在意所有过程，在乎这之中的惊喜与悲伤、痛苦与感动。

苏曼殊也在意，因为在意，所以他无法安静地寄身于一个地方，而选择飘来荡去。他害怕寂寞，害怕短暂的人生会在寂寞中结束。人的一生是由许多碎片流光拼凑在一起，有了片段的组合才有了漫长的人生。记录一个人，便是记录他历经的点滴故事、他的一世情长。这些都需要缘分，喜欢一个人，有时候说不出理由，只是那份感觉是别人代替不了的，所以便认定自己和他有缘。

在韬光庵，苏曼殊寂夜闻鹃声，作了一幅《听鹃图》，并题诗一首寄刘三。诗云："刘三旧是多情种，浪迹烟波又一年。近日诗肠饶几许？何妨伴我听啼鹃！"其实苏曼殊的一生，又何尝不是浪迹烟波里，我们所能拾捡的，只是他生命中一些散落的碎片。多少故事已太久远，待到沧桑满面时，我们对个中详情已经忽略不计。只想在某个暮春的夜晚，听一只杜鹃啼叫，不如归去，不如归去……

归
去
· ·

禅
心

每个人随着季节的流转而仓促奔走，许多相似的情景梦里也曾有过。日子过得久了，我们会把结局当作开始，把离别当作相遇，把悲剧当成喜剧。不知道这算不算是一种错觉，又或者是岁月设计好的阴谋。一路行来，除了四季的风景追随，还有自己的影子不肯离弃。我们永远不必担心有一天会和影子走散，也许它并没有与生俱来的仁慈，却带着无从选择的使命。空虚时，可以和影子举樽对饮，寂寞时，可以和影子静静说话。尽管如此，我们仍永远无法和影子相拥。

季节倏然更替，从来不会跟任何人打招呼，不能逆转它，就只好被它征服。你刚刚才从周敦颐的莲花深处走出来，又跟随杜牧的马车醉倒在秋山的枫林中，而李清照的梅花亦从纸上跳跃开来，被催促着老去。苏曼殊就是被时光这样催促着，转过一程又一程的山水，时而扬鞭策马，时而摇桨泛舟，时而踽踽徒步。从杏花烟雨的江南，到樱花似雪的岛国，从肆意喧嚣的青楼，到宁静空寂的寺院，他不知疲惫地扮演着不同的角色，将人生的戏剧进行到底，形形色色的过客永远都只是他的配角。

清秋时节，苏曼殊先是离开杭州，返回上海，后又应杨仁山居士之约，赶往南京，任教于杨仁山为培养僧侣、研习佛学而开办的"祇洹精舍"，主讲梵文。"祇洹精舍"向镇江、扬州诸大刹招收僧侣，教以梵文，学习几年后，再派往日本、印度留学，进一步研习梵章。苏曼殊对杨仁山是举至为钦佩，认为："今日谨保我佛余光，如崦嵫落日者，惟仁老一人而已。"那时的江南，一片香火胜境，重现了杜牧笔下"南朝四百八十寺，多少楼台烟雨中"的佛法盛况。

斗转星移，历经千年，许多旧物还在，只是人事早已偷偷更换。苏州寒山寺、南京栖霞寺、镇江金山寺，还有扬州的大明寺等各大寺院，出现过一代又一代得道高僧。他们在属于各自的时代里弘扬佛法，深悟禅理。苏曼殊自问不是一代高僧，但作为一个年华

正茂的和尚，有如此成就亦令人仰慕。佛堂之上，双手合十，尘间往事都散落成烟。其实苏曼殊比任何人都活得清醒，他懂得繁华三千终究只是幻影，却还是纠结于世间的情缘，做不到放下和遗忘。

佛不会拒绝任何一个行走在途中的人，无论他们还需要多长时间才能抵达灵山胜境。有些人一生都无法抵达，但只要有修行的念头，佛会尽最大的努力度化世人。在赶往灵山的路上，苏曼殊不算一个半途而废的人，虽然他没有锲而不舍地追求，但他亦不曾放弃。在万丈红尘奔跑，心中仍念念不忘佛祖；醉倒在秦楼楚馆，仍手持莲荷，一次次拈花微笑。这就是苏曼殊，他似乎不同于任何一个僧人，在他人生的卷册上写着命定两个字。无论他是否认命，他这一生都没有彻底摆脱命运布好的这棋局。

这个寒冷的冬日，苏曼殊一直寄身于金陵，主讲梵文，有时开坛说法。或许是佛法的力量让苏曼殊有所收敛，以往来到秦淮，他都要流连于烟花柳巷，这一次他极力压抑自己的情感，不去寻觅昔日的知己红颜，但不寻觅并不代表他不会思念。多少次午夜醒来，看着院内次第开放的寒梅，依旧会撩拨他的情思。有时候，他觉得自己是这世界上最寂寞的人，因为再多的情感都无法将内心的空虚填满；有时候，他又觉得自己过得无比充实，因为他比凡人多了一颗禅心，比僧人多尝了一分世味。

次年元月，苏曼殊再次东渡日本，到东京，与张卓身、沈兼士、罗黑芷同寓小石川，每日以译拜伦诗为乐。对苏曼殊来说，日本甚至比中国更让他熟悉，这里的一草一木时常会给他带来故乡的亲切之感。事实上，日本就是他的故乡，自从父亲苏杰生逝世之后，养母河合仙是苏曼殊在这世间唯一的亲人。留恋这座城，是因为城里有他牵挂的人，有他割舍不下的尘缘。我们每个人亦是如此，对某个城市有着深深的眷恋，皆因了城中的某个人，或某片风景。

题《拜伦集》

秋风海上已黄昏，独向遗编吊拜伦。

词客飘蓬君与我，可能异域为招魂。

所谓爱屋及乌，喜欢一个人的时候，与之相关的一切都是美好的。世间凡人，终究逃不过一个又一个的劫数，听上去像是个圈

禅
心
：
：

套，其实何尝不是自己甘愿跳进去的。日子都是一样的，是我们将它过得阴晴圆缺，过得悲喜不定、爱恨交加。多么无常的人生，跳跃的思想和不可预知的情感常常让我们无法主宰自己，不能主宰自己的时候，必然会被别人主宰。

在生命的旅程中，苏曼殊亦是摸索着前行，他不知道，何时会出现被荆棘阻挡的岔路，又会在哪里出现一盏引航的灯盏。这年4月，他绘制了一幅《文姬图》。这位把《胡笳十八拍》弹唱得肝肠寸断的绝代才女，深深地打动了他的内心。蔡文姬曾是匈奴的俘虏，苍穹为她哭泣过，而她斐然的才情也俘虏了不少人的心。这世间的债，本来就是你欠我来我欠你，没有谁可以真正算得清。如若没有蔡文姬的放逐天涯，又何来《胡笳十八拍》，那本皇皇史册上亦不会有她的一席之位。也许这就是佛家所说的得失，一次简单的取舍，可以决定一生的命运。

5月，苏曼殊任日本梵学会译师。或许是因为长时间的劳累奔波，他患上了脑病，经常头痛得无法歇息。尽管如此，苏曼殊仍每日午前赴梵学会为印度婆罗门僧传译。与印度梵文师弥君交游，原有共同翻译印度诗圣迦梨陀娑之长篇叙事诗《云使》之拟，但终因脑病搁置。6月，苏曼殊选择静养，陪伴养母河合仙旅居在逗子海滨。在这个叫樱山村的美丽地方，他寻回了从前的宁静悠远。菊子当年给他传递消息的信鸽还在，那个放飞鸽子的人却早已香消玉殒。

静养的几个月，苏曼殊再一次回想起他和菊子相爱的时光。依山临海的小村庄，将他带回到曾经的青春年少，重温了初恋的甜蜜，也再度品尝了那种失去的切肤之痛。这一段人生插曲，将他伤得太重。

9月，静养之后的苏曼殊返回上海，不消几日，又赶赴杭州西湖，探望好友刘三。苏曼殊再次住进了白云庵，这一次却不同于往日，他没有闲适的时间躲在庵里吃糖抽烟。因为此次适逢刘师培变节，革命党人猜疑苏曼殊囿于感情而成为合污者，于是投函警告。一向洒脱的苏曼殊却为此事受了惊扰，立即离开杭州去了上海，只为自证清白。刘三作诗慰之："干卿缘底事，翻笑黠成痴。"

人生匆匆，一个坚定的人亦会有柔软的时候。也许我们的心不足以抵挡人世飘摇的风雨，会被一些突如其来的事件弄得措手

不及。穿行在异乡的阡陌上，我们常常会被一株草木劫持，被一粒尘埃俘虏，被一片风声拷问，只是不知道什么地方可以真正安置灵魂，无论我们将日子过得如何小心翼翼，都不可能做到彻底安宁。

情
劫

　　有人说过："一生只爱一个人，一生只犯一种错⋯⋯"然而，谁的一生真的只爱一个人，谁的一生又只犯一种错？无论多么简单的人生，都会有风吹草动，就像阳光下纷飞的尘土，肆意张扬。人活在这世间，就不能寻觅到真正的宁静，倘若有幸可以和自己相爱的人闲隐在某个人烟稀少的深山，过上与世无争的生活，那也只怕是过尽人世千帆之后的选择。之所以遁世，是因为需要疗伤。

　　都说人的情缘牵系了三生，甚至有万世不灭的缘分，这一世不能了断的债，会轮回到下一世，下一世无法清算，又会轮回到下下世，直到缘尽情灭，才算真正解脱。我们来到世上，不仅要完成个人的使命，更要寻觅自己的另一半。有些人被许多段情缘缚身，终其一生的时光来纠缠，耗尽心力，依旧无法挣脱宿命的网。我们是

岁月的拾荒人，过往的时光都死了，如今所能做的只是打捞流光的碎片残骸，祭奠曾经有过的美好。

那一年的樱花已化作春泥，那一年的杜鹃还在啼血，那一年的柳枝已成了送别最完美的礼物。苏曼殊一世情缘就像传说，太美，亦太迷幻。他是一个行走在人间水岸的孤独男子，总是不慎溺于爱的河流，他谎称每一次失足都是意外，其实是他甘愿一次次赶赴死亡。汹涌的波涛淹没不了他的热情，潮起潮落，那被海水打湿的衣衫又会风干，连同他潮湿的心情。人生匆匆，看似短暂的光阴，却已经历了千山万水。一路感叹尘缘如梦，却将自己推向梦的深渊，每一次都是负伤而逃，如此轮回，他无悔。

苏曼殊从日本返回上海，表面上风轻云淡，内心实则惊涛骇浪。苏曼殊这一次日本之行，并非三言两语就能道尽，因为发生了一段情感的奇遇，而这一段情感在他心底留下的痕迹，比以往那些都要真挚、深刻。都说上帝给你关上一道门，就会为你打开一扇窗，这世间所有的暗室都是自我封闭。只有自己才可以将自己推向悬崖绝境，决绝之人不会留退路，只能玉石俱焚。

聪明如他，多情如他，又如何肯将自己的心牢牢封锁。心似冰河，只是冰再厚，底下的水也会流动不息。所谓心如止水，只是说给那些经受了巨大打击的人听的，待到伤口修复，沉静之后的心湖又将泛起波澜。情感有如心跳，只要生命之火不熄，就不会有停止的那一刻。苏曼殊在东京一场小型音乐会上，邂逅了一位登台弹筝的妙龄女子，早已平静的心湖再度掀起风浪。

一位美丽如蝶的女子，清脆的筝音，似蝶翩然飞舞，将苏曼殊带离喧嚣，带去一个无尘之境。那里有清流溪涧，鸟语花香；那里住着一位佳人，山林就是她的国。这位女子叫百助，日本弹筝女，有着轻盈的体态，动人的姿色，秀丽端雅、风情妖娆。苏曼殊的心弦被她优美纤细的手指拨动，任由她动情地弹奏人间独有的天籁之音。有人说，这是百助给苏曼殊设下的情网，可世间怎会有这么傻的女子，将自己一同捆缚进去，不留逃走的空间？

事实上，百助是无心的，她只是一个沦落天涯的卖艺女子。每一天，用自己的筝音去取悦台下的看客，一个连自己都无法顾及的柔弱女子，又何来心思去设计别人？如果说有错，错在她过于美丽，错在她不该动情。从选择卖艺的那一天开始，就意味着放弃真

实的自己，要戴上华丽的面具，对着看客强作欢颜。她比任何一个人都要害怕，害怕自己会在某一天，对某一个看客动情，害怕自己会坠落情网不能自已。

苏曼殊不是一个平凡的看客，他甚至无须看清她的容颜，只在其流淌的筝音里就能读懂她的心事——一个寂寞伶人孤独无助的心事，她的琴音在怨叹那些不解风情的世间男子。然而深深吸引苏曼殊的，是百助身上的冷艳气质。苏曼殊在中国流连过烟花柳巷，邂逅过无数才貌双全的歌妓，也曾爱过，也曾弃过，也曾拥有，也曾失落。但这位生长在樱花之地的日本女子所带来的别样风情，让他再一次陷入宿命的纠葛里。

因为爱慕，苏曼殊听完百助的演出，就匆匆去拜访她；阅人无数的百助亦从苏曼殊的举止和气韵里读出他的不凡。那个午后，苏曼殊和百助煮了一壶咖啡，静静地品尝，浓郁的芳香弥漫了整个东京。直到黄昏，直至黑夜，时光匆匆流逝，余香还久久挥之不去。因为馥郁，所以铭心刻骨，不能忘怀。这份感觉，多年以后他们各自想起时，心中仍难以抑止对美好的怀念。

这是一次漫长而深刻的交谈，百助第一次对一个看客讲述了自己悲情的身世。眼前这位风流倜傥的男子让她倍感亲切，不曾握手，却可以感觉到他指尖的温度。一个人沦落天涯，尝尽了人情冷暖，她渴望温情和暖意，亦拒绝一些自己无法把握的关怀。同是天涯沦落人，相似的遭遇让他们一见如故，认定此番邂逅是一段奇缘。苏曼殊想起了千年前被贬为江州司马的白居易，在浔阳江畔遇见的琵琶女。前世的他们，莫非就是今生的他和百助？在历史轮回的巷陌里，他们再度相逢，他还是当年的诗客，她亦还是那年的伶人。

　　这一晚，苏曼殊给这位日本女子朗读了《琵琶行》的诗句，讲述了一段在中国历史上流传千年的情缘。这位弹筝女郎在梦幻中去了唐朝，看见了第一个为她写诗的男子。那位男子转世寻她而来，写下："碧玉莫愁身世贱，同乡仙子独销魂。袈裟点点疑樱瓣，半是脂痕半泪痕。"一位多情的弹筝女，天涯海角觅知音，如今知音就在身边，触手可及的距离，她如何能做到不为之倾倒？

　　苏曼殊是个传奇，已经不可否认，无论是他的身世，还是他的际遇，或是情感和命数，都不同于任何一个寻常人。这对本就多

情

劫

情的百助来说，无疑就是梦的迷幻和诱惑。他用僧人的玄妙，诗客的情深，打动一个期待爱、渴盼爱的寂寞女人。在红尘深处，他们心向一处，人人都向往繁华三千，只有他们想要追逐一缕浪漫的孤云。在雾里穿行，忘记所处的国度，忘记现世，忘记是僧人，是伶人。

苏曼殊就这样轻而易举地叩开了百助牢牢尘封的心门，她用多年的冷漠造就的门扉，被一个半僧半俗的男子毫不费力地推开，不知道是该欢喜还是该悲叹。她幼稚地以为，这一次交心的长谈是爱的开始。她傻傻地认为，第一个为她写诗的男子将是她此生最终的依靠。殊不知，戏还没开场，就已落幕。没等到百助卸下今日妆容，做回昨天的自己，苏曼殊便再度绝情地选择逃离。

当百助情真意切地打算以身相许，从此只为他一人弹筝，在樱花树下，在明月窗前，换来的却是苏曼殊无情的拒绝。他太坏了，明知道最终不会在一起，偏生要去惊扰她的平静。他拒绝的理由是那么冠冕堂皇，甚至让人觉得他深情若许，有苦难言。就连拒绝，也用情诗代替，以为这样可以减轻别人的伤痛。了却尘缘，无以相投，于是含泪挥毫，写下一首诗："乌舍凌波肌似雪，亲持红叶索题诗。还卿一钵无情泪，恨不相逢未剃时。"

"恨不相逢未剃时"，就是这么一句诗，让百助无言以对，让世人原谅他的罪，并且为他感伤，为他落泪。苏曼殊太容易动情，却又总是逃离，让人无法猜透他究竟真爱于谁。如若是世间绝代红颜，他又为何要一次次辜负？如若是灵山万千的佛祖，他又为何不静心参禅，而贪恋烟火人间？如若是他自己，又为何要在心口划上一道又一道伤痕？

他是云，是雁，爱上了流浪，恋上了漂泊。似乎在风中穿行才美丽，在雨中穿梭才潇洒。所以他不能落地，只能飞翔，每一次别离，就忘却前尘旧梦，让自己漫步在云烟里。

宿
债

人与人的相遇，是一场花事好，是一轮月正圆，只是再美的开始也终究要谢幕。缘尽之时，便决绝转身，那时候，任谁也拉不住。既知到最后都是别离，又何必在意相处的时间到底有多长，何须去怪罪到底是谁辜负了谁。在情感面前，我们都是弱者，有些人自诩可以主宰情感，到最后却还是被它戏弄。

或许我们应当相信，苏曼殊每一次和女子产生情感，都是出于内心的爱。一直以来，他都活得那么真，一个活得真实、至情至性之人，断然不会戴着虚伪的面具活在人世。但苏曼殊给世人的感觉，就是他不厌其烦地流连于他所钟情的女人之间。无法抑制地放纵自己的情感，又不能给以承诺而选择逃离，如此奔命，究竟是为了什么？难道命运真的在他身上设置了诸多意乱情迷的局？让他处于僧俗的两难境地，洒脱又彷徨，欢喜又无奈。

有人说，苏曼殊身上披着的袈裟是他游走于尘世的幌子。是袈裟赋予了他传奇，是袈裟给了他遁世的借口，也是袈裟让他一次次地免于众人的谴责。如若没有袈裟，他就再也不是一个和尚，只是一个风流倜傥的浪子，写诗填词，寻花问柳。因为这袭袈裟，苏曼殊的诗句总离不开禅佛，离不开菩提明镜。他的情诗参了禅意，所以他被世人称作情僧，尽管许多时候，他早已失去了做僧人的资格。

他放任情感，却有分寸。苏曼殊这一生爱过许多女子，也伤过无数女子，但他对她们只是灵魂之爱，从未有过肉体的交合。作为一个血气方刚的男儿，面对如花美眷，他可以做到如此镇定，这是寻常男子所不能及的。也许因为这份距离，苏曼殊每次离开都能坦荡、决绝。只是他忽略了，他俘获的是那些女子的心，她们将心交付，换来的却是漠然的背影。没有什么比心重要，也许那些女子在乎的不是身子的贞洁，而是心的背叛。尤其是青楼歌女，她们尝尽人间冷暖，最渴望的是得到一个男子的真心呵护。苏曼殊给予她们希望，却又无情地粉碎，他要做的，或许是在佛前忏悔。

也许自始至终，那个叫百助的女子都没有怪怨过苏曼殊，尽管她的心门被他叩开，他却在门外徘徊，不曾入住，就莫名地远离。以为从此可以依附一个男人，为他红袖添香，却终究还是做回了伶人。回到那个喧嚣的舞台，继续弹奏着无人能懂的筝曲。也许此生她再也不希望会有一个男子听懂她的筝音，世间知音只有一人，错过了就不会回头。她宁可孤独老去，也不要一份无望的爱情。

她忘不了苏曼殊给她的伤，更忘不了苏曼殊带给她的好。那个午后，那个黄昏，那个黑夜，那满屋浓郁的咖啡香，至今还在鼻尖跳跃。而她需要不时回味这些芬芳和温暖，依靠它们支撑着走完以后的路。百助真的很悲哀，在不曾遇见苏曼殊的时候，她虽然孤独，至少心无所牵。自从有过一次刻骨的邂逅，她就再也回不到当初，被柳枝撩拨过的心湖就算涟漪消失了，亦不再似从前平静。所以说，有些爱莫若没有。可人若没有了爱，没有了奇遇，又是否太过贫乏？就像一株长在深山的梅树，从萌芽到枯萎，年年岁岁临雪傲立，纵然风华绝代，亦是无人问津。这样的美，要来又有何用？倒不如做一棵平凡的小草，长在阴暗潮湿的角落，卑微地活着，却毫无怨尤。

这位叫百助的女子在苏曼殊心中烙下了深刻的印记。他们在一起的时光短暂得就如同灯火一闪一灭，确切地说，相逢只在一首筝曲，相见就只是一个午后。我们应当相信，一见钟情从来都比日久生情更让人向往，值得回味。多少人，一辈子都无法一见钟情，苏曼殊不能否认，他对百助的爱是一见钟情。之前对别的女子亦曾有过刹那倾心，但都不及这一次来得迅猛。她是翩跹起舞的蝶，跳跃的音符、流淌的筝曲以及灵动的心思就是她的翅膀。那种惊世冷艳的美，轻而易举就将苏曼殊的心俘获。

他自问是一个见惯佳丽的男子，却依旧抵挡不住她颔首低眉的魅力。她自问是一个心寂如玉的女子，却被他一抹微笑温暖，一个眼神击中。两情相悦的结局应该是执子之手，与子偕老，苏曼殊却偏生不要，他害怕自己负了如来又负卿。一片看似洒脱的云彩，一只看似勇敢的孤雁，内心其实薄脆如纸，懦弱到不知所措的地步。他傲然离去，心却在颤抖，那种惶恐与不舍交织的情绪，只有他自己独尝。苏曼殊似乎习惯了这种方式，习惯了匆匆的相遇和别离，习惯了将所有的故事都演成悲剧。

这是他命中的劫数，与人无关，却偏偏扯痛了那么多颗心。他

宿债

在别人的心里筑梦，不等梦醒，就仓皇逃离。他并没有引以为荣，心痛得无以复加。如此纠结的情感让人觉得莫名其妙，却又像中了毒似的，期待着他以后的人生章节。也许日本樱花真的有着别样魅力，苏曼殊生命中几段深刻的情感都与此有关。江南的烟雨带给他的是一种迷离，如梦似幻，却不刻骨铭心。

苏曼殊辗转几地，最后到了印尼爪哇，以为将自己放逐到海角天涯，就能够将过往慢慢忘记。漂游的思绪常常会被一片简单的风景扰乱，但在他俊秀的脸上永远都看不到痛楚。在世人眼里，苏曼殊是个洒脱的狂僧，又是个飘逸的诗人，袈裟遮掩了他内心的迷乱。事实上，苏曼殊贪吃贪睡、贪图享乐、贪恋美人，但他并不会因此对革命事业懈怠。他可以让荒芜的土地一夜之间春暖花开，也可以让万紫千红在一瞬间纷纷凋零。

苏曼殊在印尼爪哇，任惹班中华学校的英文教员，该校是光复会在南洋之大本营。这段时光，他的心因为思念百助而无法平静，晚风拂过衣襟，他明白自己是真的彻底失去她了。调一杯浓浓的咖啡，听一首流淌的筝曲，放飞思绪，让自己陷入深深的回忆中，一个人，一想就是一整夜。那么多的遗憾无法拾捡，那么多的相思无从说起。这一切只能交给文字珍藏，盛放在人生的书卷中，不是怕相忘，而是他实在需要将压抑在心底的情感做一次彻底的释放。

为调筝人绘像（二首）

一

收拾禅心侍镜台，沾泥残絮有沉哀。

湘弦洒遍胭脂泪，香火重生劫后灰。

二

淡扫蛾眉朝画师，同心华髻结青丝。

一杯颜色和双泪，写就梨花付与谁。

寄调筝人（三首）

一

生憎花发柳含烟，东海飘零二十年。

忏尽情禅空色相，琵琶湖畔枕经眠。

二

禅心一任蛾眉妒，佛说原来怨是亲。

雨笠烟蓑归去也，与人无爱亦无嗔。

三

偷尝天女唇中露，几度临风拭泪痕。

日日思卿令人老，孤窗无那正黄昏。

    这些时日，苏曼殊写诗，没日没夜地写诗，他要将内心颤抖的情愫诉诸文字。他写下《本事诗》，字字句句道出他对百助的思念与袈裟披身的无奈。他感叹："我本负人今已矣，任他人作乐中筝。"他负的女子太多，对调筝人的愧疚尤甚。这个日本女郎用最短暂的时光潜入他的心间，纵使萍水相逢，也会刻骨铭心。

批
命

　　若我离去，请你一定要在秋天之前将我忘记，因为我害怕那漫天纷飞的落叶，会让你悲伤得不能自已。偶然写下这句话，看似无意，又好像在祭奠一段从指端流失的华年。昨日流光如今日，今日容颜已改。一个人总是感叹过往，意味着他的心已滋长了绿苔，就像一扇被岁月风蚀的重门，角落里不知何时攀爬了藤蔓和苔藓。时间就是这么仓促逝去，在你低眉沉思的时候，在你举手挥别的时候，在你静坐禅定的时候。

　　回首之时，岁月的忘川已被苍茫风烟所湮没，其实我们每个人都一样，铭记来时的路，却再也不能原路返回。很多人一路行来喜欢留下印记，以为这样就不会迷失自己。殊不知，一片落叶，一枚飞花，一粒寒雪，都会将路径遮掩。这世间本就没有什么是永恒

的，所以我们做任何事，爱任何人，都不要问缘由，不要问结果。你在此岸，看不到彼岸花开，却可以想象陌上春光，又是莺飞草长的一年。

彻底失去一个人的时候，你能做的就只是追忆。怀念一个人，就要怀念与之相关的一切，让自己沉醉进去，不留后路。反复读苏曼殊写给弹筝人的情诗，就会暂时忘记他也曾无情，抑或为他的无情寻找借口。"还卿一钵无情泪，恨不相逢未剃时。"所谓情僧当如是，苏曼殊的诗不单单是人间男女的情爱，亦不是纯粹的佛法禅理，他诗中有情，情中有禅，让读过的人无不为之流泪。

那个远在日本东京的弹筝人，捧读苏曼殊为她填写的诗章，心中又会是何种滋味？或许她甘愿用永久的离别，换取这诸多的深情厚谊。如若没有辜负，没有离弃，苏曼殊又怎会用许多不眠之夜，写下如此多的诗句。一个在千年前就为她写诗的男子，轮回到今生，依旧不忘那一世的诺言。不由自主地想起三生石，那些关于前世今生的美丽传说。那一世，他为诗人，她是歌女。这一世，他是僧客，她为伶人。他们因相逢而深刻，因错过而美丽，许多时候，我们宁愿接受破碎与残缺，悲剧往往更令人深思。

1910年，27岁的苏曼殊继续任教于爪哇惹班中华学校。空闲时间，除了写情诗，还将《燕子笺》翻译成英文。此前来爪哇惹班的路上，苏曼殊邂逅了庄湘之女雪鸿。人生无处不相逢，曾经相爱的人，曾经抛却的事，总会在你不经意之时贸然而来。你以为会为过往的错误而仓皇不安，却不知流年日深，彼此早已学会了平静。当年苏曼殊推辞庄湘的请求，拒绝和雪鸿成亲，他虽心生愧疚，却从不后悔。自始至终他都认为自己是佛前的芥子，虽躲不过命定情缘，却终究不能贪恋人间情爱。

　　苏曼殊再度与这位美丽女子相遇，发觉她早已懂得宽恕，像佛祖宽恕他的罪过，像风原谅一朵花的芳香，像水包容一株草的招摇。时间真的可以使一切都淡去，只是在淡去之前，没有人会相信，原来深刻的爱也可以那样无谓。苏曼殊不同，他从一段情感中走出来，又跌进另一个故事里。杯中的茶还没有喝到无味，又换上一杯浓郁的咖啡。对苏曼殊来说，雪鸿是那杯隔夜的苦茶，虽然苦，但早已凉却，已经再无品尝的可能。而百助却是那杯刚刚倒掉的咖啡，杯身还是热的，芬芳久久弥漫不散。

　　苏曼殊没有告诉雪鸿关于他和弹筝人的故事，因为他们之间的

批
命
：
：

篇章也早早画上了句号。曾经交过心的人无须太多言语，就可以明白彼此心底的哀伤。只是相聚在一起，喝下一夜的苦茗，天亮之后又要分道扬镳，过着毫无瓜葛的生活。雪鸿深知，飘零是苏曼殊此生的归宿，她已无遗憾，因为她明白这世间没有哪个女子可以彻底将他俘虏、拥有。做一片在他身边飘浮的云，投入过他的波心已然足矣。

苏曼殊爱过的女人似乎都那么善解人意，她们可以默默地爱着，却从未有过任何的纠缠，似乎彼此在相爱之前就写下了离别的契约。又或许她们都是骄傲的女子，不肯为一个等不到的誓约而苦苦相逼。这世间的爱本就是你情我愿，打劫而来的幸福注定是不幸的。苏曼殊是幸运的，他爱过许多人，又被许多人所爱。从来都是他辜负别人，而没有人辜负他。倾心之时，爱情就成了赌注，下注的是红颜，苏曼殊是庄家。

他们在一起喝甜蜜蜜的茶，写郎情妾意的诗，演阴晴圆缺的戏，那是因为他们还有足够多的青春可以在尘世挥霍。他们曾经微笑着唱着相逢是首歌，又含着泪说离别只是暂时的。他们的人生就像冬日横斜的枝影，绚烂的年华挡不住一夜风雪。许多人第一次相逢就会离别，亦是因为如此匆匆，才会记忆深刻。而后所有的种种都只是在梦里，隔着现实的距离，伤害才不会那么重。

他们这一次，重逢于渡口，离别于渡口。苏曼殊是那株无花无果的菩提树，雪鸿是那个提着空篮子从他身边走过的妇人。相逢一笑，离别亦是一笑。他们挥手，直到烟岚雾霭模糊了视线，再也分辨不清路在何方。此后车水马龙，烟尘飞扬，谁也不知道该去哪里寻找对方。

他终究还是病了，以为凭借一双翅膀飞渡千山万水，可以不惧风雨来袭；以为转身的刹那，就可以斩断千丝万缕的情愫。他多么希望生命中的宴会都是流水席，聚时欢喜，散后忘记。他不是无情之人，虽做不到一生扶持，不离不弃，却也做不到冷漠无心，毫不关己。

本事诗

无量春愁无量恨，一时都向指间鸣。

我亦艰难多病日，那堪更听八云筝。

批命
· ·

相怜病骨轻于蝶，梦入罗浮万里云。

赠尔多情书一卷，他年重检石榴裙。

碧玉莫愁身世贱，同乡仙子独销魂。

袈裟点点疑樱瓣，半是脂痕半泪痕。

　　与缘相遇，与禅相守，红尘是他的菩提道场，此生他将永远生活在梦与醒的边缘。许多人读他的诗，读到心痛不已，包括他自己。诗人常常被自己的诗句感动得泪流满面，戏子经常为自己扮演的角色投入到不能自拔。我们都是最平凡的人，因为平凡，所以会轻易被一段缘分打动。

　　苏曼殊原本是打算去印度的，却未成行。在遥远的异国他乡，一个人的羁旅生涯让他深尝到从未有过的孤独。奈何囊中羞涩，他过得穷困潦倒，在给好友高天梅和柳亚子的书信中写道："咯血之症复发，羁旅六月，已费去七百余金，故未能买舟赴印。"苏曼殊这一生似乎大多时候是在潦倒中度过的，长年的漂泊以及随意的挥霍，使得他没有丝毫积蓄。病时就一个人躲在凌乱的小屋子里，坐拥棉被，喝水度日。

无论平日多么坚强，病时人心是最脆弱的，此时需要的是一个知晓冷暖的人陪在身边，给予关怀与呵护。寂寞的时候，他喝一杯白水，感叹这流水孤云的一生。想起剃度时法师为他批命，说他此生注定情多。他却犹自不信，认为自己只要诚心修佛参禅，便可以跳出三界，免去轮回，又怎会抵不过尘世的情劫？渺渺人世，形如虚幻，有一天，我们离去，带不走世间的一草一木。

沉沦

　　繁华如梦，梦已无痕。尘缘路上，相遇是刹那，相忘也在一念之间。无法挽留的是时光，无法回头的是情感，承诺是那么不可靠，缅怀往事，独自站在风中泪流满面。明知时光会带走一切，连同你，连同我，可还是怕自己像青梅一样殉香而落，像春雪一样遇见阳光就消融，像夏蝉一样老死在秋天。

　　苏曼殊自问是一个僧人，当看淡荣辱，无惧生死，一个人躺在异乡的病榻上，他心底却又害怕，害怕会这样悄然无声地死去，在某个风雨交加的白日，在某个月黑风高的夜晚，一个人孤独地死去。过往所有的梦想，所有的爱憎，瞬间灰飞烟灭。他甚至还来不及给这个世界留下一句遗言，没有机会再看一眼爱人的眼睛，没有机会跪在佛前忏悔生前的罪过。这世间，可以从容面对死亡的人真的不多，或许他早已交代好了一切，死亡是人生的最后一局棋。

所幸灾难都是暂时的，一切都会过去，病得再久也会有康复的时候，就如同再漫长的雨季也会迎来阳光灿烂的那一天，除非病入膏肓，世间再无医治的良药。我们都会走到无药可救的那一日，要么自然老死，要么死于意外，结局都一样，只是过程有长短之分。许多厌世之人总是会生出求死之心，可当生命真的结束的那一刻，难道不会心存悔意？可为时已晚，时光不能倒流，遗憾与悲剧就是如此造成的。

病愈之后的苏曼殊又重新找回了自己，那颗支离破碎的心慢慢地拼凑修复。他一边静养，一边任教，困窘的生活得以缓解。可他仍改不了贪吃的习惯，大病初愈饮食就没有规律。抽烟、饮酒、吃糖，是他生活的乐趣。逝去的情感渐渐能够放下，烟酒糖成了知己，醉了就写一些歪诗。有时候连他自己都怀疑，苏曼殊，你还是个和尚吗？和尚不是该住在庙里，每日敲木鱼，背诵经文？不是该粗茶素斋，六根清净吗？

苏曼殊起誓，他如此荒诞的行为，绝非是为了与众不同，以

此吸引众生的目光。他只是道行太浅，克制不了自己，他喝酒吃肉，并不是单纯地贪图享乐，而是心底有一种强烈的欲望驱使他释放世俗积压在身上的压力。也许世人会以为这是最虚伪的借口，可苏曼殊确实有资本，他睿智多才，悟性高。在寺院，住持迁就他，佛祖亦包容他。在红尘，他有交心的朋友，有生死与共的红颜。世无完人，纵是佛，也会犯不可饶恕的错误，也会有不能弥补的缺陷。心生慈悲，学会容忍和宽恕，这样人生才会有更多的乐趣。

苏曼殊是一个在豁达与狭隘、坚强与懦弱之间徘徊的人，有时候他可以为自己的喜好不顾一切，有时候他又会压抑心中的热情，伤人伤己。每一天有太多的意外发生，没有谁可以完全掌控内心的情绪，做到平静舒缓、收放自如。人常常会为自己的矛盾懊恼不已，事情发生了就不能逆转，只能认命，那些不肯相信宿命的人到最后都会低头。在岁月面前，谁能不屈服？挺直的腰身轻而易举就被折弯。就连悲壮苍凉的历史，厚重地横在天地间，也只消一缕微风，就可以将之吹散。

经过几个月的调整，苏曼殊彻底从迷梦中清醒过来，他觉得那颗沉溺于爱河的潮湿的心，需要在阳光下狠狠地晾晒。打点行囊，羽翼丰满的苏曼殊又将远行。都说在哪儿失去，就回哪里寻找，苏曼殊选择去日本，不是为了寻找什么，但他确实在那里丢失了太多。自爪哇惹班出发，经广州，又至上海。这时期，英译《燕子笺》顺利脱稿，罗弼·庄湘为之题词，并托其女雪鸿在西班牙马德里寻求出版。

1911年8月底，苏曼殊到了横滨，那个他出生的地方。沐浴咸涩的海风，他始终忘不了自己是一只飘零的孤雁，往返于苍茫的天地间，不知道哪一天就会结束旅程。

在日本，苏曼殊继续创作小说《断鸿零雁记》，这部小说是他的成名代表作。一个人来到世上总会留下些什么，文人会留下毕生的作品，画匠会留下墨宝，伶人会留下戏剧，哪怕是最平凡的人，也会留下值得珍藏的遗物。而活着的人，则需要依靠这些物品去凭吊，直到有一天彻底被岁月的风尘掩埋，了无痕迹。历史无言，它能告诉我们的，也只是微小的一部分，多少残阳如血的故事，都湮没在黄尘古道中，消失在浩渺烟波里。

也许我们该感恩，因为捧着一本泛黄的书卷，欣赏一幅泛着墨香的旧画，观看一出古老的戏曲，是多么幸福。或者说，活着就是一种幸福，可以肆无忌惮地怀想过去，可以邂逅许多段感人肺腑的情缘，可以做自己想做的事，爱自己想爱的人，写自己想写的字，喝自己想喝的茶。尽管会有很多的无奈，可生命存在，就有它的意义，就有无尽的机遇。用一颗包容的心、大度的心生存于世，会有意想不到的收获。

暑假结束了，苏曼殊返回爪哇惹班，仍任教于中华学校。

1911年10月10日，革命党人于武昌起义，推翻清王朝统治。苏曼殊闻讯，大为兴奋，认为此乃"迩者振大汉之天声"，遂急谋回国。奈何其生活又陷入窘迫，贫困交加的他只好将满腔热情暂时按捺住。我们总以为日子过得久了，对许多事许多人都会倦怠，曾经的海誓山盟到如今不值一提，过往的一腔热血到如今冰凉似水，却不知一些情结扎进心里，就如同刺青，再也冲洗不掉。

对苏曼殊来说，情、画、诗、禅、革命就是他心里的烙印，随着年轮一起长出更深的印记。无论沉寂多久，这些情结都不会淡去。身处乱世，苏曼殊有着太多的追求和梦想，他希望自己是一个力挽狂澜的志士，是一个普度众生的高僧，也是一个挥毫泼墨的诗客。也许这才是他梦寐以求的人生，纵然无法尽善尽美，却亦不会有太多的缺憾。每个人都有属于自己的梦，也许是一个江湖侠客，有着诗魂剑胆；也许是一代英明圣主，可以君临天下；也许是一个风云谋士，能够大浪淘沙。

武昌起义，上海光复，有如在苏曼殊的心里投入一块巨石，激起万丈浪潮。涟漪在心湖荡漾开去，久久不能平复。这时的苏曼殊，却不能如以往那般潇洒，背着行囊渡海归国，参与一场惊天动地的革命事业。任他如何心急如焚，但苦于囊中羞涩，只得忍耐。他毕竟不是飞雁，只要展开双翅就可以漂洋过海。你自是有一身傲骨，残酷的现实亦会将所有的棱角磨平。

这一年的11月，苏曼殊为筹措归国的旅费决心典当燕尾乌衣，卖掉他心爱的书籍。都说钱财乃身外之物，都说千金散尽还复来，对有一定资本的人来说或许是如此，可对一个一贫如洗的人来说，却成了深刻的讽刺。人在饥寒交迫之时，会为一个馒头点头，为一杯白水弯腰，为一炉炭火下跪。唯有如此才能活着，为自己活着，

为牵挂自己的人活着，为活着而活着。值得欣慰的是，英译《潮音》出版，由日本东京神田印刷所印行。

寒冷的冬天，轻扬的雪花给苦涩的生命带来诗意的浪漫。雨和雪，是他前世的情结，在这个习惯疏离的人世间，最让人感动的是神奇的大自然风光，也许给不起永恒，却可以一次次在无人造访的渡口将你收留。

展翅

　　苍茫人世，渺渺红尘，我们时常会伫立在人生的岔路口，不敢回望消逝的光阴。内心深处充斥着无尽的怅惘，像一只走失千年的白狐，找不到归路；像一株长在深山的老梅，寂寞难耐；像一叶离岸的轻舟，不知道下一站该停泊在哪里。在苍凉的岁月面前，我们自认为沧桑的故事，原来是那么微不足道。红尘深处，包括菩提道场，都是收留我们的驿站。所谓归宿，在于一个人的心，心沉静下来，世间任何一个角落都可以栖居，都是家。

　　等待一个人的时候，会觉得时间走得太慢，一分一秒都是熬煎。两人相拥在一起，又期待时间可以止步，美好就此定格，刹那便是永恒。我们总说，要做一个闲逸的人，择一处清净地，烹茶煮酒，赏花读书。可多少人有足够的光阴用来这样浪费？当你觉得人

生漫长数十载，不知该用何种方式过完的时候，其实我们已经老了。蓦然回首，觉得往事真的很多，却又记不起都是些什么。

对苏曼殊来说，这个寒冬真的好漫长，他钟情的雪花不知疲倦地飘落。窗外的世界，一如既往地单调、苍白，像是一种生命的纯净，也像是一场无声的葬礼。爪哇惹班，如今成了捆缚他的缰绳。不是因为这座城没有他牵挂的人，也不是因为这座城带给他伤害，而是因为他还有一颗火热的心，那些无法泯灭的梦一直在午夜萦绕。也许他做不了乱世英雄，却亦有着饮尽残阳、踏破河山的霸气和豪迈。

处于那个年代，面对国家的危亡、民族的兴衰，想必任何一个热血青年都没有办法做到无动于衷。纷乱的年代，漫天纷扬的尘埃，呛得人不敢自在地呼吸。积极之人，做一个追赶波涛的弄潮儿，站在风口浪尖无谓生死；消极之人，只想寻一个清净的角落，暂将身寄。人生何处不红尘，哪怕遁入空门，依旧无法彻底地清宁。那些闲居庙里数十载的得道高僧，修炼了非凡的定力，却更加地悲天悯人、关爱苍生。设身处地地为苏曼殊想，就不会觉得他诸多举止有失常理。佛说回头是岸，他迷乱的心，看不到哪里是岸，亦不知该从何处回头。所以他爱上了漂泊，因为一停下来就会莫名地心慌。

沉睡了一个冬天的冰雪，在春天来临的时候融化，万物苏醒，草木茵茵，苏曼殊筹好了回国的路费，扬帆远航。29岁的他，身上散发出盛年男子的成熟韵味。他曾跟人说过，寺院是家，红尘是家，他要的家不是筑一个简单的小巢，和一个平凡的妇人过上炊烟袅袅的生活。他的性情，以及当初的选择，就注定了一生无根的漂泊。当我们还在为他惋惜、为他感伤时，他早已学会了一笑而过。

其实我们又何尝不是尘世的浪子，自以为有了家，躲在一间小屋不用漂泊，就是绝对的安稳。不行走，是因为心已倦怠，是因为懦弱，害怕抵挡不了世界的万千风云。选择漂泊亦需要勇气，多少人缺乏这样的勇气，懦弱地以为，将生命的船只停泊在港湾就找到了一生的安稳。人间多少变幻，每一天都会有意外发生，自然的灾难，人与人之间的争斗，以及太多意想不到的事件。有时候明明知道了答案是什么，却还是会狼狈不堪。

这世界，真正的优雅和淡定已是传说。或许我们会在佛的召

唤下，踏过那道清净的门槛，跪于蒲团之上，听一曲梵音，读一卷经文，忘却尘世的纷纷攘攘。但我们应当相信，这一切都只是暂时的，待到日落之时，寺院的钟鼓会将你我唤醒，那时候会想起，原来责任在身，原来真的不能放下。看一眼佛，他悲悯的目光少了往日的平静，近乎恳求，恳求我们留下。佛以为自己可以普度众生，却不知这世间还有太多不可度化之人、太多不可度化之心。多少人宁愿经受世俗的惊涛骇浪，亦不愿逃避到深山古刹终老一生。所谓人生百态就是如此，你喜欢一杯淡而无味的清茶，他爱上的却是一壶深藏多年的烈酒。

佛说，陷入红尘染缸的人是执迷不悟。无论对什么事、什么人都不能贪恋，淡然相处便可轻松自在。也许你的世界正天崩地裂，别人的世界却云淡风轻。生命若蝶，只有破茧之后才可以深刻地明白，何谓痛楚的愉悦。苏曼殊经受过这个过程，他比许多人都要历经得早。他告诉我们，今天的沧海就是明日的桑田，今天的繁华就是明天的寂灭，今天的相逢就是明日的离别。尽管如此，他依旧看不透，明知多少过往都难以挽留，还是不肯停下脚步和一叶菩提诉说心语，和一卷经书共悟禅机。

4月，抵达上海，苏曼殊似乎又找到了那一方可以展翅的辽阔天空。他想起杜甫写给李白的诗："痛饮狂歌空度日，飞扬跋扈为谁雄？"这对沉寂之后风华再起的苏曼殊来说无疑是一种激励，但是，热情之中依旧带着难以言说的迷惘。他受聘于《太平洋报》，任主笔。一个文人无须执刀佩剑，披荆斩棘，靠一支笔就可以描绘锦绣河山，可以舞动明月的光芒。历史的沧桑、岁月的峥嵘尽在笔下，那个执笔之人，可以肆意挥洒春秋，主宰日月。

在此期间，苏曼殊发表了《南洋话》《冯春航谈》于《太平洋报》副刊《太平洋文艺集》，还绘制了《饮马荒城图》，托人带给香港萧公，请代焚于赵声墓前。因苏曼殊过去和赵声同寓南京时，曾许赵声作此画，一直没有落笔。此次归国，闻得赵声因黄花岗之役失败，已忧愤呕血而死，为实践往日诺言，并悼亡友，故有《饮马荒城图》之作。他在《答萧公书》中表示："此画而后，不忍下笔矣。" 4月底，苏曼殊东渡日本看望养母河合仙。这一时期，《断鸿零雁记》连载于《太平洋报》，顿时文名大噪，这部作品也奠定了他在文学史上的地位。那只飘零的孤雁，再次在他笔下展翅高飞，冲破云霄的刹那，也有了王者的风范。看到孤雁的时候就会想起苏曼殊，因为大雁已是他的象征，融在他的水墨中，刻在他的

灵魂里。他时而在百姓的屋檐下衔泥筑巢，时而飞越沧海俯瞰烟火人间。

　　每个人与这世间万物都有一份情结，就像林和靖的梅、陶渊明的菊、苏东坡的竹、蒲松龄的狐，甚至薛涛的深红小笺，这些就像是他们身上的标志，任凭岁月流逝，都无法抹去。灵性的万物会带给我们无边的想象，疲惫的时候，我们需要一种清淡而简单的寄托。与其将心托付给名利，不如交付于一株草木、一瓣落花，就算是沉沦，亦不会走向一条毁灭之路。名利的欲望永远无法填满，而自然的真实与纯净不会给世人带来伤害。我们可以随意携一缕清风闲游，枕一朵白云休憩，挽一轮明月相思。

　　经过一番充实的忙碌，一切都尘埃落定，苏曼殊结束了潦倒的生活，找回了神采奕奕的自己。他的内心又春光明媚，簇拥的桃杏开得难以收敛。以清醒的姿态伫立在阳光水岸，看晴空万里，白云无涯。

空
相

岁月在海上架了一座虚幻又美丽的彩虹，那一轮冉冉升起的红日捧出的是谁家的王朝？多少帝王霸业都付与苍烟，在厚重的历史面前，我们是那么自不量力。用一生的热情演绎的戏剧，成了别人的笑谈，倾注所有心血的著作，被后人当烹茶煮酒的火引子。我们因为信任了沧海的誓言，所以才会被桑田冷眼相待；因为承诺了日后的重逢，才会被时光无情地追赶。

漂泊得久了，心似一艘倦累的船，需要泊在一个无风无雨的港湾。而最怀恋的是日本的浪漫樱花，还有养母一声声热切的呼唤。慈母的心就像一根穿了线的针，时刻将牵挂和温情缝给远方的游子。待到线尽针断的时候，我们应当披星戴月地回去，任何一次失约都可能是一生的遗憾。

　　无论苏曼殊走到哪里，飘荡得有多远，时间一久，就会想要回家。他想回的家不是广东香山县沥溪村那座深宅大院，尽管那里黛瓦朱门，带给他的却是一段痛苦冰凉的记忆。童年那段不愉快的记忆被他从脑中删除，不知从什么时候开始已经片甲不留。他对日本养母河合仙却一直有着无法割舍的爱，哪怕河合仙已嫁作他人妇，苏曼殊对她的依恋一如既往。漂泊得久了，他时常会感到自己是那么孤独无依，而那时他想得最多的不是佛祖，而是养母河合仙。那份母性的温柔，可以让他忘记尘世一切寒冷，只想偎依在她怀里，听一首令人怀念的童谣。

　　这份思恋总是在樱花开放之时于心底滋长，樱花大概是苏曼殊此生都逃不过的劫。每到春光烂漫之时，他就心绪难安，渴望回到樱花树下倾诉衷情。人世滔滔江浪带走过太多美好时光，总以为过去的伤痛会随流年淡去，可是悲剧永远是悲剧，不会因为年岁而改写。苏曼殊觉得自己的伤口长满了苔痕，所以到了一定的时候，需要好好清理，除去丛生的杂草，还自己心底一片清明。关于菊子，关于百助，这两位日本女郎就是他心底的苔。他将她们葬在樱花下，每一次行色匆匆地赶赴春宴，都是为了祭奠逝去的爱情。

相聚的日子总是太短，当苏曼殊还贪恋养母身上温暖的气息，贪恋她做的可口饭菜，贪恋她轻柔的叮咛时，渡口的兰舟已在催发。看着养母被岁月催老的容颜，他懂得，离别一次，相见的机会就又少了一回。他害怕至亲之人有一天会悄然老去，害怕那时会有太多的悔不当初。尽管如此，苏曼殊依旧犯下许多不可原谅的错误，伤害了许多不该伤害的人。当一切无可挽回之时，只能独自站在日暮的楼头，为前尘往事悲叹不已。

5月底，樱花落尽的时节，苏曼殊从日本返回上海。他频繁地来往于东西南北，却不知每一次奔波心中亦会有撞击，他时常在夜半无人时吟咏几句诗句，悄然泪垂。他是寂寞的，或许他的身边从来不缺过客，但是没有一个是归人。无数个清冷的夜晚，他独自伏案，挑一夜灯花，那个红袖添香的女子只是镜里红颜。

绿窗新柳玉台傍，臂上微闻菽乳香。
毕竟美人知爱国，自将银管学南唐。

软红帘动月轮西，冰作阑干玉作梯。
寄语麻姑要珍重，凤楼迢递燕应迷。

空
相
·
·

121

水晶帘卷一灯昏，寂对河山叩国魂。
只是银莺羞不语，恐防重惹旧啼痕。

空言少据定难猜，欲把明珠寄上才。
闻道别来餐事减，晚妆犹待小鬟催。

绮陌春寒压马嘶，落红狼藉印苔泥。
庄辞珍贶无由报，此别愁眉又复低。

棠梨无限忆秋千，杨柳腰肢最可怜。
纵使有情还有泪，漫从人海说人天。

　　在上海的日子，苏曼殊读林纾翻译的《巴黎茶花女遗事》，认为"删节过多，殊非完璧"，拟重译，但被琐事耽搁未能译成。不几日，再次漂洋过海去日本。这一次，他留在日本横滨整整四个月。这四个月，苏曼殊作诗，绘画，陪着养母，承欢膝下。在苏曼殊的心里，有一种难以言说的预感，他觉得自己和养母再相聚的机会将是微乎其微，他不知道哪一天眼前这个温柔的女人就像樱花一样随风飘落，而自己这只孤雁也不知道哪天会葬身大海，埋骨深山。

这不是杞人忧天，只有失去过的人才会懂得，人生的意外是多么不可预测。多少人宁可一生不来往，宁愿对方下落不明，这样至少可以想象他还平安地活着。在某个城市，某个院落，安稳地过着闲逸的日子，亦好过看着他在这个世界上彻底消失，再也不会出现。虽说生老病死是人生不可逃避的过程和结局，可我们依然会害怕，害怕至亲的人被死神带走，从此再无消息。

10月底，苏曼殊告别养母河合仙，扬帆回国，至上海。上海这座风云不尽的都市已经成了他在中国的家，无论他飘到哪里，最终还是会回来。躲进这座繁华的都市，没有谁认得你，你也不必担心某个夜晚醉倒在街头，会招来第二天的流言蜚语。在上海，苏曼殊亦无须担心自己会落魄潦倒，因为这座城有他许多的知己红颜，这些女子会将他收留，给他一个红尘安稳的居所。

12月，苏曼殊去了安庆，任教于安徽高等学校，与郑桐荪、沈燕谋、应溥泉等为同事。在这里，他仿佛找寻到多年前失落的记忆。几年浮萍生涯，历经浮沉，行囊越来越重，心却越来越空。既然回不到人面桃花初相逢的美好，又何必总是耽于过去，将自己遥挂在一棵往事的枯树上。29岁的苏曼殊确实比从前沉静了许多，他

空
相
：

不像以前那般经常把自己关在小屋里写诗绘画、抽烟吃糖。空闲之时，他和学生游玩嬉戏，与同事畅谈人生。

这个岁暮似乎来得特别早，整座城市的树木在一夜之间都落光了叶子，枯萎的枝丫在凌厉的风中显得更加萧索苍凉。苏曼殊似乎在抗拒新年的到来，因为转眼就要迈进30岁的门槛。三十而立，立德、立言、立身，他该有自己的成就，有自己的威望。可是在这乱世红尘，苏曼殊觉得自己依旧一无所有，甚至比从前更加迷惘。他开始感觉到岁月相逼，感觉到青春的剧目走向了尾声，感觉到自己在光阴的梦里那么悲伤。站在岁暮回澜拍岸，过往三十年都是空相。

苏曼殊想起了以前喜欢的一句苏东坡的诗："休对故人思故国，且将新火试新茶。诗酒趁年华。"如今再读，似乎已有些不合时宜。十年风雨，多少故事已然老去，岁月就是这样暗度陈仓，你看华发早生时，一切反悔都已经来不及。苏曼殊原本打算这个岁暮去香港和新加坡等地漫游一番，可他又想起杜甫的诗句："白日放歌须纵酒，青春做伴好还乡。"如今他手中的酒是一杯生活的苦酒，而青春也燃烧成了灰烬。故人远去，谁还可以做伴？岂不知他早已将故乡弄丢，在这红尘，他注定是一个回不了头的浪子。

　　经年的雪花无声地飘落，诗意而轻灵，美得令人神伤。看着漫天飞舞的雪花，苏曼殊突然想做一枝梅长在江南的庭院，探墙而开，给匆匆过客传递春的消息。他想着，如果有不会醒来的梦，他就一直梦着；如果有不会老去的人，他就一直爱着；如果有不会结束的故事，他就一直继续着……

空相
· ·

旅
梦

　　流年真的似水，我们曾经以为遥远的日子如今就落在眉间。翠绿年华转身而去时，我们连诀别的勇气都没有。这尘世，每个人都忙碌得如同蚂蚁，连感叹的时间都没有。多少次因缘际会，终究也只是错过，光阴连最后一丝美好都给消磨殆尽。坐在镜前，已经不忍细细端详自己，再华丽的青春也会老去，再鼎盛的江山也会衰亡，再完美的人生也会暗淡。

　　以往苏曼殊不会在意自己的年龄，30岁了，他看到自己眼角有了几丝皱纹。他总感觉自己的人生已然走到了尽头，因为百味皆尝；又时常觉得人生还不曾真正开始，因为太多的梦都不曾圆满。30岁，苏曼殊确实成熟沉静了不少，但他内心的矛盾丝毫不减当年，疏狂与感伤交织的情怀在骨子深处根深蒂固，无法改变。

也许今日的他甘愿守着寂寞到天明，明日又不知道背着行囊飘荡去哪里。

1913年的2月，苏曼殊从安徽回到了上海，与沈燕谋、朱文鑫同住在南京路第一行台旅馆，嬉游度岁。雪树银花，香车宝马，灯火阑珊处，有佳人凝眸回首。五百年的回眸换一次擦肩，那梅香馥郁的女子打他身边走过，撩起他这些时日苦苦压抑的情思。他们都明白，相逢一笑，随后也只能擦肩而过。在漫舞的飞雪里，已经顾不了那么多，他们也只要这一夜倾城，一夜之后各自转身，谁也不要惊扰谁。

苏曼殊深知，自己的命运被刻下了孤独的烙印，就算有爱情两三段，也注定不会生死相依。纵然他不辜负别人，别人也要将他辜负。多少春天的相遇，等不到秋天就别离，而那些女子明知与他的情缘是飞蛾扑火，也不肯疏离。这或许就是苏曼殊与世俗男子的不同之处，他儒雅的气质、忧郁的眼神就像是一杯清冽的酒，让人沾唇即醉。他生命里从来不缺过客，那个装梦的背囊却是空空如也。

春天，苏曼殊偕同张卓身、李一民游杭州，住在西湖图书馆。彼时，杨柳还未抽芽，桃树未曾开花，但湖水澄澈，碧绿清凉。孤山的梅花为那些赶春的旅人灿然地绽放，冷傲中隐隐透着风情与妖娆。苏曼殊去拜访了梅妻鹤子的林和靖，岁月的刀刃真的好锋利，数百年的光阴就这样被无情地斩断。人去山空，只有孤独的塑像装点着寂寞的回忆，假如林和靖知道他会被后人塑像立在西湖边，当年是否会隐逸得更深？想不到一生闲隐孤山，不与红尘往来的林和靖，会落得被后世络绎不绝的行人瞻仰的结局。

还有葬身西泠的苏小小，她要的不过是与山水为伴，是谁惊扰了她的清宁，在坟前不知所以地叹息。苏曼殊还记得当年折梅祭佳人，多年以后，他不知道苏小小的魂魄是否记得他此番风雨归来的心情。还有当年在西湖打马邂逅的歌女，如今是否红颜依旧？人其实是最无情的，一生结下了许多缘分，铭记于心的却只有那么几段。苏曼殊自知，如若不是来到西湖，不是见到苏小小的墓地，他决然不会想起那个与他结缘于西子湖畔的女子，她清丽的容颜，清淡的芬芳，曼妙的歌声，还有那些深情的诺言。

没有道别，就悄然离去，本是一次短暂的旅程，却在苏曼殊的心里留下了深深的落寞。回到上海，他自觉无聊，怀念起征歌逐妓的日子：频繁地来往于红楼妓院，每日和歌妓饮酒弹琴，舞尽桃花。苏曼殊已经记不得自己是什么时候开始爱上了胭脂的味道，只知道，和她们在一起，没有任何的负累。唐人杜牧写下"商女不知亡国恨，隔江犹唱后庭花"的诗句虽确实有其缘由，但也惹恼了无数红颜。不是她们不知亡国恨，只是乱世之中，多少男儿都无法力挽狂澜，这些弱女子又可以担当什么？

醉酒笙歌不是罪，浅吟低唱不是罪，在不能改变的宿命里，她们只不过悲哀地沉沦。那些指责她们的人，是否先反思过自己？苏曼殊了解她们的凄凉，所以珍爱她们，并且从不轻易攀折。他相信自己的前世，一定和某个歌妓深爱过，为了偿还她的债，今生纵然入了佛门，也贪恋上青楼。苏曼殊不明白，自己为何这样相信前世今生，难道就因为是出家人？不，或许在他诞生的那一刻，就已经相信了因果前缘，才会有之后的种种际遇。这世上遁入空门的人很多，但是如他这样几度出家的很少，如他这样，在空门和红尘往返的人更不多见。

这期间，苏曼殊挥金如土，他曾写信给郑桐荪说过："居沪半

旅
梦
：

129

月，已费去数百金。"很快他又成了一贫如洗的人。玉粒金莼的生活，或是白水一样的日子，对苏曼殊来说似乎没有太大的区别。数十年的风雨，他的心早已可以承受世间的一切苦难，荣或辱，悲或喜，离或合，只是一个标志，一种情绪，一段过程。他可以接受命运的宰割，且不会吭声喊疼。有时候，他觉得自己沉溺在红尘的泥淖里，有时候，又觉得自己遗世独立。

6月，苏曼殊去了苏州盛泽，居住在郑桐荪之兄郑咏春家，与郑桐荪、沈燕谋同编《汉英辞典》《英汉辞典》。也就是在这江南水乡，姑苏台畔，吴王宫里，苏曼殊诗兴大增，写下了著名的《吴门依易生韵》。他访遍了这座城的名胜古迹，踏着先人的步履，拾捡着历史的碎片，重温一场又一场的姑苏旧梦。多少次，独自漫步在青石小巷，期待遇见一位结着丁香愁怨的姑娘。多少次，乘一叶小舟顺江而下，来到枫桥，只为听一夜寒山寺的钟声。多少次，在明月的楼台，吹一曲呜咽苍凉的箫音。

碧海云峰百万重，中原何处托孤踪？

春泥细雨吴趋地，又听寒山夜半钟。

姑苏台畔夕阳斜，宝马金鞍翡翠车。

一自美人和泪去，河山终古是天涯。

水驿山城尽可哀，梦中衰草凤凰台。

春色总怜歌舞地，万花缭乱为谁开？

年华风柳共飘萧，酒醒天涯问六朝。

猛忆玉人明月下，悄无人处学吹箫。

碧城烟树小彤楼，杨柳东风系客舟。

故国已随春日尽，鹧鸪声急使人愁！

　　离开苏州的时候已是秋天，一个耐人寻味的季节，也是送别的
季节。依依古道，长亭芳草，无数离人折柳送别，唱尽阳关三叠，
转过一程又一程山水，无论多么不舍，终究还是要离散。没有谁可
以保证，这一次离别，再聚又会是何时，甚至许多的离别将会是漫
长的一生。佛叫我们要懂得惜缘，无论是善缘还是孽缘都要好自
珍惜。

旅
梦
·
·

因
果

　　一个失散多年的朋友，偶然重逢还能喊得出你的名字，你一定会以为自己是他惦记的人。这世间芸芸众生，无非一个你，一个我，一个他。记得和忘记都似乎不重要，指不定哪一天就在某个路口相逢。所谓相见不如怀念，怀念又不如相忘。到最后，我们都要回归湖河沧海、幽谷深山，和尘土为邻，与草木为伴。

　　所以，一个人行走天涯虽然孤单，但是一路上可以邂逅许多意想不到的风景。终于明白为什么这么多人喜欢背着行囊四处远游，那是因为红尘疲惫，而自然风光的美丽是一种无法抗拒的诱惑。我们不过是想在旅程中，陶醉于迷人的风景，有幸和有趣的人携手走一段，忘掉一些烦扰的俗事。

都说日本的樱花美丽绝伦，举世无双。多少人慕着樱花之名，带着天南地北的尘土，匆匆赶往那个遥远的岛国，期待和樱花结一段情缘。他们来的时候，并不知道在这陌生的国度会有什么事情发生，是悲是喜，是福是祸。人生本来就是历险，前方的路被烟雾阻挡，我们看不清方向，却依旧要做到风雨兼程。人的一生就是在追求中度过，那些端坐在蒲团上的高僧看似清心寡欲，实则也是在禅寂的岁月里抵达一种忘我的高度，脱离人世苦海，远离颠倒梦想，最终达到坐化涅槃的境界。

　　这些来看樱花的人不知道，日本的雪花同样有着摄人心魄的魅力。苏曼殊再次东渡日本，时逢雪花飞舞。这个岛国被冰雪覆盖，也遮掩了它的沧桑，只留给世间一片清白。我们可以在这个雪白而洁净的世界里做梦，没有谁会忍心破坏这份宁静。苏曼殊是个诗人，诗人对冰雪都有一份情结，蘸着雪花写就的诗文亦流淌着灵性和清凉。而我们同样喜欢冰雪，那漫天飞舞的雪花带着与世隔绝的浪漫，洗去了人间所有的污浊。

　　在东京，苏曼殊结识了居正、田桐、杨庶堪等人，他们都是时代的风云人物，相聚于此，谈论国事，探讨人生。他们是一群同船

因
果
：

共渡的人，航行于真理的海上，用深沉的思想去敲醒世间迷惘的灵魂。三五知己聚在一处，围炉煮茗，寒窗夜话。做一个提壶的人，将千年的历史文化熬煮成芬芳四溢的好茶，用一颗禅心来品尝，被茶水过滤的人生或许会更加清明。

过往的情缘总是难忘，在东京浪漫的雪花下，苏曼殊忆起了弹筝人。同在一座城市，他几乎可以感受到她的呼吸，闻到她明净的屋子里飘溢着的浓郁的咖啡香。自那次苏曼殊转身离去，分别已整整四载，百助亦如同鸿雁远去杳无音信。其实苏曼殊亦悄悄地打探过她的消息，不是为了再续前缘，只是想知道这位天涯歌女在纷乱的浊世中过得好不好。苏曼殊知道，他与她之间连道歉都是多余。在他心里，百助是个冰雪一样的女子，零落于红尘却有着尊贵的灵魂。他害怕自己任何的温暖都会将她融化，而她的那种无所畏惧又使得他以逃避告终。

苏曼殊从来都不否认自己的懦弱，倘若让他承担过往所有的罪，他毫无怨言。但他并无悔意，苏曼殊不认为自己的做法是错误的，如果时光倒流，他依旧会落荒而逃。一切都是性情使然，江山易改，本性难移，轻易就改变了性情，那他还是苏曼殊吗？如若他一心皈依佛门，在青灯下捧读古卷，不为俗世情感所动，他的人生又怎么会如此传奇？就算他痴情于某个女子，许诺她天长地久、海枯石烂，那他也不过是一个俗尘中的男子，过上四季炊烟的生活。他的诗笔还会如流？他的故事还会被世人追忆？

12月下旬，苏曼殊于日本西京（指与东京相对的京都）琵琶湖游玩，作诗《西京步枫子韵》："生憎花发柳含烟，东海飘蓬二十年。忏尽情禅空色相，琵琶湖畔枕经眠。"苏曼殊看似游戏人间，其实他内心深处从未忘记自己是佛家弟子。世俗似落红纷乱，令他无法静坐蒲团、五蕴皆空。这种沉湎于世的痛苦，坠落尘网不能挣脱的无奈，没有亲身经历只怕是无法真正理解的。多少年的飘蓬流转，老去年华，却无处诉说半世的沧桑。这些年，苏曼殊一直为别人讲解经文，他自己人生的经书却不知道由谁来解读。

他写下："随缘消岁月，生计老袈裟。"一句脱口而出的话语亦让人为之深深动容。尘寰消长，没有谁抵得过岁月的消磨，我们都是来人间游走的过客，披上属于自己的戏服，扮演一个或多个角色。浪迹江湖，如草芥的生命不知哪天说没就没了。梦断尘埃的

因
果
：

那一刻，多少无悔、多少遗憾都一笔勾销。生活不可以讨价还价，命运的秤却可以缺斤少两，无论公与不公，我们都要承受。前世种因，才会有今生的果报。如果有无法算清的债，无法诠释的因，就都归结给前世，托付给来生。

这段日子，苏曼殊攻"三论宗"。三论宗是中国隋唐时代佛教宗派，因据印度龙树《中论》《十二门论》和提婆《百论》三部论典创宗而得名。又因其阐扬"诸法性空"而名法性宗。其实参禅悟道并非要去古刹山林，红尘也可以为道场，世味也可以煎煮成菩提。许多隐士跋山涉水在幽壑云崖盖一间茅屋，以为这样就远离了尘嚣，然而心里一个简单的俗念，就可以将所有美梦击碎。红尘深处也有无尘境界，人就是这样，越想回头就越回不了头，当有一天走得太远找不到出路，就会不由自主地回头了。

春寒料峭，苏曼殊虽沉浸于佛法禅理中，仍不忘人间佳肴美味。他的病再次复发，原因是游湖之时被风露所侵，又加之饮食无节、过度疲劳。病痛难当，苏曼殊只好就医静养。一个人卧在病榻上，孤独和无助将他裹紧，只有树影在有月光的晚上会偶然来到他的窗前踱步。静坐之时，他常常忘却此生是否安在，素日难以参透的经卷瞬间了悟了。病时，虽然孤寂，却有足够的时间容他重新审视人生。

憩平原别邸赠玄玄

狂歌走马遍天涯，斗酒黄鸡处士家。

逢君别有伤心在，且看寒梅未落花。

偶成

人间花草太匆匆，春未残时花已空。

自是神仙沦小谪，不须惆怅忆芳容。

芳草

芳草天涯人是梦，碧桃花下月如烟。

可怜罗带秋光薄，珍重萧郎解玉钿。

他在三月的春寒写寂寞伤情的诗，他期待和某个红颜不期而遇，一同牵手赶一场春宴，又害怕自己坐不了席。多想和时光下一

因
果
·
·

137

次赌注啊，却发觉年过三十筹码已经越来越少。他不想自己残缺破碎的故事惊扰这早春的初绿，却又是那么不甘寂寞。如若此时，一个曼妙多情的女子从身边走过，不知道半僧半俗的他是否还会吟出"恨不相逢未剃时"的诗句？

残
缺

生于纷乱的现世，不如意之时，我们总是会莫名地感叹自己生错年代。若在秦朝，就做个剑客；若在汉代，就做一位谋臣；在隋朝，做一个绿林豪客；在唐宋，就安心做个诗人；在明清，做个宦官也无所谓。其实真正到了那些年代，或许什么也做不了，做谋臣志士不如做贩夫走卒，做文人墨客不如做背着药箱走江湖的郎中。

苏曼殊时常会有这样的想法，他觉得自己生错了年代，不该出生于这个没落的乱世。都说乱世出英雄，他却很迷惘，不知自己到底是怎样一个人。作为和尚，他真的算不得是个有为的高僧；作为世间男子，他辜负了太多的红颜；作为革命先士，他亦曾几度在潮起时隐退。三十载的光阴就这样虚度，人生又有几个三十可以让他

这样蹉跎？倘若回到前朝，难道就可以做出一番惊天动地的事业？他感叹，沧海千年才化作一次桑田，为什么偏偏就让他遭逢乱世。

他告诉自己，如果时光倒流十年，他就安心做一个和尚，在寺院读经坐禅、参悟佛理，闲时烹茗煮茶、静扫秋叶；或是干脆做一个浪迹江湖的剑客，一路行侠仗义、快意恩仇；又或是做一个倜傥风流的诗人，青梅煮酒、泼洒纸上风云；做个凡夫俗子也好，和一个平凡妇人居住在简洁的小屋里，细数流年。其实这只是苏曼殊给自己找的借口，这一路行来，他一直在给自己的疏狂和荒唐寻找各种借口，又或许说我们每个人都在为自己的过失找寻各种借口，以此来遮掩内心的懦弱和遗憾。

假如时光真的可以倒流，我们还是会犯同样的错误，会走相同的路，会爱相同的人，会留下同一种遗憾。所以说珍惜现在，忘记过去，期待未来，这才是我们要做的。苏曼殊觉得人生有太多的遗憾，他一直听从自己的心行事，几乎不受外界干扰，就算是遗憾，亦是自己亲手酿造的。有这么一句话，性情决定命运，我们无法改变自己的性情，就接受性情带给我们的命运，并且无怨无悔。人永远都是这样难以满足，总觉得快乐给了别人，悲伤留给了自己。

其实真正的遗憾是什么？是你暗恋一个人很久，还未表白她就永远地离开；是你泡好一壶茶，还没喝就已经凉了；是你做了一个美梦，梦没做完就被惊醒；是你写一本书，还没写完，就已死去。很巧合，苏曼殊的人生恰好有这样的遗憾。1914年，东京《国民》杂志刊登了苏曼殊的小说《天涯红泪记》，然而刊登至第二章就止了，据说是因为书稿未完。这是苏曼殊命中的一个遗憾，其实他的人生有许多未完之事，在求佛的路途上，在情感上，在革命的道路上……

人在死之前总是有许多未了的心愿，有需要自己疼爱的人，有还未做完的事，有没有下完的棋，还有一株需要自己每天浇水的花。张爱玲说过，人生有三恨：一恨鲥鱼多刺，二恨海棠无香，三恨红楼梦未完。看似无关自己，没有切肤之痛，却让人唏嘘不已。每个人都有属于自己的爱恨、自己的遗憾，我们在有生之年为别人的遗憾叹息，若干年后，亦会有人为我们的遗憾而伤怀。就如张爱玲，她恨红楼梦未完，又有多少人在为她未完的书稿生恨。一代才女死在异国他乡，陪伴她的是一轮异国的明月。她孤独地死去，又牵动了多少人的心绪？

残
缺

　　当年曹雪芹贫病交加写《红楼梦》，并不知道自己会在作品结束前就死去，更不知道这本书会成为人间巨著。他生前没有享受到这本书带给他的任何荣耀，死后却荣耀加身。若说遗憾，是万千读者的遗憾，还是曹雪芹的遗憾？许多人都在为他书中虚拟的人物感伤落泪，为宝黛不能圆满的爱情而叹息不已。多少人会去怜惜当时曹雪芹写书的凄凉境况？无数个风雪之夜，他独自在简陋的茅屋里用生命熬出血泪文章。死的时候，草席裹尸，葬在杂草丛生的山林，数十年的心血连块墓碑都没能换到。

　　多么悲哀的人生！一个人干净地来到世间，尝尽爱恨情仇，却以悲剧来收场。不明白，这人间为什么有那么多的争斗，那么多的污浊。明知道走到最后就只是一堆草木，一捧骨灰，却还是不肯善罢甘休。那些走进空门的人，要么是真的看透生死，要么就是纠缠于俗爱，为求解脱。无论是陷入感情的旋涡，还是名利的沼泽，都是自寻苦恼。既然无法做到从容，就只好把人生之书一页页撕下，无论有怎样的故事，只需亲身演完，也就没有遗憾了。

　　《天涯红泪记》并不是苏曼殊的代表作，只是他人生中一部普通的作品，因为没有写完才让人觉得遗憾。遗憾的不是这本书，是这不可预测的人生每一天都有意外发生，每一天都有无法预知的死亡。苏曼殊并不知道光阴会如此相逼，就像我们不知道哪一天会被流光逼迫到无路可走的地步。

都说人生因为有了残缺而更加美好，鲫鱼刺多才更加鲜美，海棠无香却开得更加妖娆夺目，红楼梦未完才更加悱恻缠绵，人生有恨才更加耐人寻味。也许是因为近几年身体多病，苏曼殊的感慨比以往频繁许多。苍白的脸色遮掩不住他翩然的风采，落寞的心绪浇灭不了他昨日的情怀。他自认是一个醒世之人，明知道人生大都是落寞散场，他笑别人在这世间执迷不悟，却不知自己才是那个最痴傻的人。

1915年，32岁的苏曼殊追随革命党逗留日本，为冯自由的《三次革命军》题辞。一个正值盛年的男子，一个才华横溢可以吐纳烟云的人，就算他有任何理由也不能遁迹人世，做一只闲雁和白云往来嬉戏。他必须用羽翼遮掩住自己柔弱的伤痕，在浩瀚的蓝天下叱咤风云、纵横四野。他不知道有多少人羡慕他的才情，而那些羡慕他的人更不知道苏曼殊心里其实一直在羡慕他们的平凡简单。原来每个人都有故事，都有传奇，都有不为人知的悲伤。

这一年，苏曼殊手中的笔不曾停歇，多少个风雨之夜，他独自伏案书写。7月，苏曼殊发表小说《绛纱记》于章士钊主编的《甲寅》杂志。8月，他撰成小说《焚剑记》，亦发表于《甲寅》杂志。人间太多的故事等待他去表达，让那些沉迷的人可以清醒，让那些不懂的人可以了悟。做一个挑刺的人，挑去世人心底的刺；做一个解铃人，解去缠绕于世间纷繁的死结。

不要叹怨自己生错了年代，就算有时光机把你送去你想要生活的年代，也不过是把人世风光再看一遍，把世间悲喜重演一回。人是为了消孽才来到凡尘的，虽是飞蛾扑火，那瞬间的光亮却可以惊醒整个世界。无人诉说的时候就告诉影子，因为只有它可以证明，这繁芜的尘世你真的来过，有过一段颠沛流离的旅程。

忘
机

春到芳菲春淡去，情到深处情转薄。是的，一个你曾经刻骨爱过的人，有一天会成为你想尽办法要忘记的人。曾经是你窗前的明月光，如今却是长在你心头的刺。曾经是你青春岁月里的荣耀，如今却成了剜之不去的耻辱。人间的爱恋不过是聚了散，散了又聚，这世上本没有谁给得了谁海枯石烂的誓言，就像河岸给不了轻舟永远的港湾，古道给不了离人永远的重逢。这人间的一切，我们拿走的、拥有的，有一天都要双手归还，点滴不剩。

总还有一些恩爱是我们无法忘记的，总还有一些人因为不曾真正得到，所以永远心存美好的幻想。都说萍水相逢是世间最美的邂逅，只因彼此心中存有的是一种朦胧的想象。一个站在雨雾中或是伫立在月光下的人，无论他平日多么坚韧，那一刻必定是柔情的。

我们期待的爱情，也许是朝夕相处，是相看两不厌。两个人相处久了，过着春耕秋收的平淡生活，了无新意之时，就会心生厌倦，彼此嫌弃。如同一杯沸水冲泡多次的茶，洗尽了颜色和芬芳，你还会一往情深地将之留在杯中永不舍弃吗？

这并非薄情，一场戏落幕，也许会意犹未尽，但是散了终究就是散了，最多在心中停留一夜或那么几天也就忘记了。多少爱丢失了从前的滋味，不需要说出口就淡淡疏离。苏曼殊自知还没有老到只剩下回忆的年岁，可是在东京的这些日子，他总是反复地翻看情感的账簿。那些泛黄的页面带着一种荒凉的破旧与残缺，如同他一直没有打理的心田长满了绿苔。苏曼殊曾经说过，不敢在心田上轻易种下爱根。可事与愿违，这一生他不断地栽种爱根，却从没好好给以阳光和雨露，他的爱情不到收获就枯萎而死。

一段又一段缘分被剪断，苏曼殊自认为是无辜的。流年将一切冲淡，可是你在岁月的河道里撑渡打捞，依旧可以捞出许多残留的碎片，捞到红颜用过的珠钗、脂粉盒，以及沾满泪渍的绢帕。也许苏曼殊不够深情，可是在寂寞的光阴里，他那颗柔软的诗心总是会将过往的佳人怀想。手执素笔，字还未落在诗笺上，他已泪眼模糊。苏曼殊深切地体会到，与他不离不弃最解心怀的依旧是文字。岁月的炉火烹煮着过往经年，被焚烧的热情化成灰烬，散落在日子的杯盏中余温犹存。

　　苏曼殊在32岁这一年，于日本东京写下了著名的《东居杂诗》。字字句句，皆由心生。我们可以在诗中读出他千丝万缕的情结，读出一位飘萍之客的羁旅闲愁，一个失意之人的无边落寞。多想做一只真正的孤雁，不惧红尘万丈，殉身恨海情涛。可他总是会迷失方向，扑腾着翅膀，最终停留在异乡的土地上。佛说，放下一切，方能皆空。但他每次把满山的落叶烧尽，又会期待新叶萌芽，结束了一段感情，又期许新的故事发生。

流萤明灭夜悠悠，素女婵娟不耐秋。
相逢莫问人间事，故国伤心只泪流。

罗襦换罢下西楼，豆蔻香温语未休。
说到年华更羞怯，水晶帘下学箜篌。

翡翠流苏白玉钩，夜凉如水待牵牛。

知否去年人去后，枕函红泪至今留。

异国名香莫浪偷，窥帘一笑意偏幽。
明珠欲赠还惆怅，来岁双星怕引愁。

碧沼红莲水自流，涉江同上木兰舟。
可怜十五盈盈女，不信卢家有莫愁。

蝉翼轻纱束细腰，远山眉黛不能描。
谁知词客蓬山里，烟雨楼台梦六朝。

槭槭秋林细雨时，天涯飘泊欲何之。
空山流水无人迹，何处蛾眉有怨词。

　　我们无法分辨哪首诗是写给哪位红颜的，只有他自己明白，提笔的那一刻思念的人是谁。回忆似汹涌的潮水在心田泛滥，不可收拾。苏曼殊甚至天真地以为，他写下这许多感人肺腑的诗句就可以抵消他往日的过错，让惶恐不安的心稍得安慰。这世上没有重来的日子，没有后悔的良药，否则就没有悔不当初这个词了。苏曼殊不明白，那些女子从来没有怪罪过他，是他自己背负着内疚一年又一年不能解脱。

很多人都想知道，苏曼殊这一生是否真正刻骨地爱过。他像孤云一样，漂泊四海，何曾有过真正的停留？他三十年的光阴，似乎比别人一生都要漫长；邂逅了很多人，发生了很多事，情伤几回。可是剩下些什么？唯一可以见证的，是他披在身上的袈裟，这证明他出过家、当过和尚；是那些与他相爱过的女子，她们的名字可以证明苏曼殊确实爱过，得到过，也失去过；是他的画册、他的诗集，还有革命史册上的记载，这一切都可以证明他不是一个贫乏的人。

其实苏曼殊心明如镜，他真爱过的女子到底是谁，他的诗就是最好的见证人。他深深不忘的是那位低眉垂首、手抚琴弦的幽怨女子，是那位在台上和他萍水相逢、台下却铭心镂骨的女子，是那个和他一起调煮咖啡、通宵夜话的女子。这位女子，就是日本女郎弹筝人百助。诸多女子中，最愧疚的当为初恋的菊子，至爱之人非百助莫属，其次才是那些在生命中来来往往的青楼歌妓。苏曼殊自问他对每个女子都是真心的，无心将她们伤害，但真正赢取那句"恨

不相逢未剃时"的唯有弹筝人。

1916年春末，苏曼殊自日本回国。上一年年末，袁世凯称帝，居正在山东成立护国军，讨伐袁世凯。苏曼殊闻讯，自知不可袖手旁观，即赴青岛会晤居正，加入了讨伐的队伍。苏曼殊在青岛盘桓数日，感慨颇深，一则是因为身体一直不曾彻底康复，面对军队里纷乱的局面感到力不从心，似乎再也回不到当初那般热血沸腾；再则感到自己虽心生苍苔，但对民族政事依旧牵肠挂肚，不能轻松放下。

在青岛，最让苏曼殊此生难忘的则是崂山之行。崂山，被称作"神仙之宅，灵异之府"。一半是碧海连天，惊涛拍岸；另一半是青松怪石，蓊郁葱茏。传说秦始皇、汉武帝都曾来此求仙，丘长春、张三丰在此修过道，崂山因此被渲染上了一层神秘的色彩。崂山虽是道教名山，对苏曼殊这个佛家弟子来说却并不冲突。都说道修今生，佛修来世，但是皆旨在清净修炼，淡然忘机，既是度己，又可度人。

日行月随，潮来潮往，朝代更迭过无数次，历史也被改写。

唯有河山依旧醒目如初，多少人付出了情感，得到的又是怎样的果报？那些一往情深到崂山来访仙问道、乞求长生的人，如今连骸骨都无处寻觅。那些登山采药、炼丹修仙的道士，又幻化去了哪里？时间证明了世间种种无情，但一代又一代人依旧为这无情的世间，演绎着不肯谢幕的戏剧。

　　在天高地阔的大自然中，人是多么微不足道。山光海色是上苍给崂山的天然画屏，也不知道经历多少次沧海桑田，才换来这样的人间奇景。在这里，你真的可以忘记一切，抛弃一切。无论山下的世界，是晴天还是雨季；无论人间的故事，是开始还是结局；无论尘世的爱人，是活着还是死去。在崂山，你只需要做云峦雾霭间的一粒微尘，做飞泉瀑布下的一滴水花，做古木苍松上的一只虫蚁。

忘
机
·
·

逝
水

　　总有返航的船，总有倚靠的岸。当我们背上行囊，乘一叶扁舟顺流而下，就没有想过会在某个港岸做永远的停留。无论邂逅了怎样刻骨难忘的风景，也只是将它装入行囊，作为一段旅程的阅历随身携带，珍藏一生。心之所想，行之所动，没有谁可以阻挡灵魂寄宿在哪个驿站，心灵可以投奔到任何一个向往的地方，或天涯，或海角。

　　苏曼殊自青岛返上海，坐在轮船上，看苍茫海域，数点飞鸥，感叹人生就像一场不能停止的旅行。他的心还停留在崂山缥缈的云雾里，在月华如洗的山峰做着一场雪浪云涛的梦。梦里他是一个手持拂尘的道士，在云海迷境里求神访仙。又是一位手持禅杖的僧人，朝金顶佛光飘然而去，了断世间一切情缘。醒来之后，他还是苏曼殊，背负着昨日沉重的行囊在现世行走。他之所以对崂山有着不舍的情结，是因为他内心深处亦向往纯然如水的宁静，可以不受红尘束缚独自在云海翩然。

多情自古空余恨，好梦由来最易醒。这世间万千滋味早有先人尝遍，读过多少警世名言，我们还是会重蹈覆辙，走他们走过的路，受他们受过的苦，犯下相同的错误。明知道这世上不会有长生不死的仙药，多少帝王将相还是痴心求之。这份执着是人的本性。苏曼殊并不想长生不死，但他希望可以坠身云崖雾海，免受人间轮回。从美梦中仓促醒来固然令人心生遗憾，可很快你又会跌进另一场梦里。

在上海，苏曼殊住在环龙路孙文寓所。过的依旧是居无定所的日子，却不再那么潦倒落魄，朋友的资助让他体味到人间真情的温暖。苏曼殊觉得，自己比之以往更加脆弱，以前的他风雨无阻，而今却期许有一个温暖的小巢，可以好好休憩。这些日子，无论是写作、绘画，或是革命，他都觉得有些力不从心，就连和朋友在一起聚会也觉得疲累，世间烦恼接踵而至。为什么天天读经，亦无法减轻丝毫负重？他有预感，今生注定要与佛擦肩，只能在红尘辗转，

逝水

：

153

一年又一年。

他曾经多么钟情于革命事业，希望自己可以站在时代前端，抵挡乱世风雨；希望将自己研磨成粉，熬煮成茶，让众生饮下免去灾难。这十数年，他参加过许多革命组织，醉心于宣传无政府主义的救国思想。他在上海参加了由章士钊等人创办的《国民日报》的翻译工作，为声援章太炎、邹容，反对清廷查封《苏报》做了大量工作。加之上一次的反袁斗争，到处都有他的身影。苏曼殊却深感遗憾，他能做的还是太少。都说只有先自救，才可以救人，这几年他总是病痛缠身，倦怠了太多，也耽误了太多。

人在默默无闻的时候，料想不到有一天会功名加身；显赫时，亦不会想到有一天会名利全无。多少人被名缰利锁牢牢套住，誓死要做一位策马扬鞭、驰骋战场的骑士。可是有一天脱下征袍，深山埋剑，只希望居一处简单的茅舍，邀约几个老友，卷袖煮茶，畅然对弈。在楚河汉界上相逢，也会手下留情，不似当年那样威猛。一个人的心境会随着年龄而改变，有人为过往的热忱无悔，有人却感叹当年不该为前程而误了红颜。如果可以重来，那些戎马一生的将士也许宁愿做回一个山野樵夫，白日伐薪，夜晚磨刀，那霍霍的磨刀声是否也显露出与世抗衡的杀气？闲时披蓑戴笠去河岸垂钓，访邻家的老翁一起沽酒。

苏曼殊从来没有追逐过功名，他就是一个披着袈裟的僧人，竹杖芒鞋，两袖清风。逍遥之时去烟花柳巷，和歌妓轻歌曼舞，觥筹交错。落魄之时，向朋友讨一笔闲钱糊口度日。许多人被他的传奇故事诱惑，被他的自在洒脱感染，想追上他的脚步，和他在这烟火人间痛快地游戏一回。然而他快马行过，溅得你一身污泥。他的生命虽然残缺，这些残缺却恰恰是最令人感动的美。

10月，苏曼殊来到杭州，邂逅了西湖的早雪。都说一个浪漫的人无论走到哪里，都会与浪漫相遇，他一生诸多的相遇，有偶然，也有必然。纷飞的雪花飘落，化作一湖的寒水，没有被打捞尽的枯梗残荷被洁白的雪花覆盖，给多情的诗人平添一段浪漫的遐想。漫天的雪花，就像苏曼殊年轻时那些冲动的爱情，不听劝阻，任性而为。如今他只想安静本分地活着，可是那灵逸的飞雪无端地窥视了他心底尚存的情。他像是一个迷惘的路人，沿着过往的痕迹悄悄地拾荒。

逝
水

不承想，终究还是让他遇见了。一位乘着油壁车的女子，在漫长的苏堤上迎雪高歌。似曾相识的画面让苏曼殊如坠梦境，当车缓缓从他身边碾过时，那笑兮顾盼的回眸让苏曼殊惊心。他知道她不是当年那个才比苏小小的女子，因为她脸上的青春咄咄逼人。那个女子，应该容颜渐老，应该看倦了世事，读累了人情，不会再有兴致乘车高歌、笑游西湖。雪花扑打在脸上，让他感到一种冰凉的刺痛，苏曼殊自嘲地笑了，曾经香车宝马的邂逅早已不复存在。他期待的重逢只能在梦里，一次擦肩要等五百年，他提前预支的缘分在不经意间就错过了。

11月，苏曼殊发表小说《碎簪记》于陈独秀主编的《新青年》杂志。他的《碎簪记》，以西湖为背景，以禅佛为底蕴，自是写就人间因缘，但终以悲剧散场。

忘不了那一句"一生好事已成逝水"，是的，过往的情缘已是覆水难收，在无法更改结局的故事里，我们都要从容地接受离散。苏曼殊想让自己成为笔下的主角，安排一个完美的结局，可是他不知道，故事里那么多的红颜，谁才是自己最后托付的女人。几番思索，仍给不出确切答案，这时青春已落幕，他也只好作罢。让自己的故事成为昨天，让别人取代当年的自己。

　　暮冬时节，苏曼殊躲在小屋里写小说《人鬼记》，生着温暖的炉火，煮着香茗，独自沉醉在玄幻缥缈的世界，写就人鬼奇缘。据苏曼殊12月在西湖所作《与刘半农书》中云："近日病少除，书《人鬼记》，已得千余字。"可是《人鬼记》并未见刊，想必如同那部《天涯红泪记》一样，来不及完稿。或许我们可以猜想小说的情节，男主角是个年轻的和尚，女主角是个冤死的鬼魂，一个为之不守戒律清规，一个为之不肯投胎转世。可想而知，他们会是怎样的结局，如此才会令人魂牵梦萦。

　　人鬼真的可以相见吗？如若可以，也许我们可以无惧生死。就算不能，也当无畏，经历万千轮回，终有一日奈何桥上可以重逢。只怕那时候，你不是当初的你，我也不是当初的我。

逝
水

送
离

岁月真的是一个无情的刽子手，刀刃上没有昨天，亦看不到明天。鲜妍的青春任你挥霍，时光依旧那么牢固得不肯坍塌。一个苍翠年华走到尾声的人，任你如何小心翼翼，依旧守不住半寸光阴。做一个简单的人，让思想纤尘不染，或许会少许多没必要的烦恼。要么做一个思想深邃的人，可以容纳世间万象，在任何风云面前都可以淡定从容。

人活于世，所求真的不多，不过是浪迹江湖混口饭吃，得过且过。年轻时候，或许会对生活充满幻想和期待，想象自己将来会是一个富有的人，拥有人间最纯美的情感，住在梦寐以求的房子里，和至爱的人幸福地过一生。真正置身于世俗的浊浪中，你会发觉世界并不是自己所想的那样，无数次地迁就，换来的只是原则尽失。

往日横刀向死的决心已不知在何时荡然无存，岁月的洪流将一颗热忱的心淹没，你是否还会期待面朝大海、春暖花开的幸福？

刚过而立的苏曼殊已经不再锋芒毕露。一个人循着手心的纹路，就可以预测到命运的走向，好比那些摸骨相面的江湖术士，他们并非真有通天的本领能够知晓过去、将来，只是他们参悟了宿命的玄机，把握了生老病死的规律，所以才可以如此冠冕堂皇地向世人讨要银两。苏曼殊自知悟性比凡人高，才识姑且不说，他好歹在寺庙里做过和尚，加起来也有几年光阴。他虽然没有知晓过去、未来的本领，却对自己的命运有着强烈的预感，就像一些高僧能预知自己活不过明天。

有些人穿好衣服，和前缘一笔勾销，安静地等待一场岑寂的死亡。有些人整装待发，听从命运的安排，开始一段漫长的人生旅程。离开这世界的人，走的时候记得放一把火，烧光留存于世的所有记忆。活着的人就和尘埃一起颠沛，在城市的角落行走，在时光的缝隙飘飞，直到有一天，持一把利刃刺向自己的心脏。

西湖是世俗人梦中的天堂，许多孤独旅人看到这一片美丽如画

的湖光山色，都想沉落湖中，和它的前世今生做一次愉悦的交谈。是的，应该是愉悦的，因了湖水的智性和温柔，跌进湖中你的思想就会随之翻腾。澄澈的水洗去你的疲累，滋养你破碎的灵魂，在世俗中也许你是个吝啬的人，从不肯轻易割舍自己的利益，此刻你却愿意为湖水奉献出一切，包括最珍贵的生命。

苏曼殊自问是一个不轻言生死的人，他觉得唯有活着才可以做有意义的事。他所做的一切，比如革命，比如绘画，比如写诗，哪怕是参禅、恋爱，都是为了证实生命的存在，且不是简单地存在，而是鲜活生动地存在着。可当他看到一湖澄净的水，唯一想做的事就是同那些根植在湖中的莲荷一样，至死不渝地沉沦。做一株镜湖里招摇的水草，远比做红尘中的人更快活，没有喜怒哀乐，没有生老病死。日子单调无味，却可以看往来的行人身上发生的聚散离合的故事，还可以拾捡他们遗落在这儿的梦。

只有苏曼殊自己知道，他和西湖的缘分到底有多深，只是还没有到交付一切的时候。1月下旬，苏曼殊从杭州返回上海度春节，于春申江上遇见了邓家彦和邵元冲，撰《送邓邵二君序》赠之。人生离合有定，今天的相逢就是明日的离别，聚时无大喜，别时亦无大悲。所谓君子之交淡如水，真正的朋友也许无须时刻在一起，只要知道彼此都安好，纵是天各一方又如何。偶然相聚，彼此将冰心掷入玉壶，在一盏茶中静静相看。而后继续飘零，你飞扬恣肆，我至死平淡。

苏曼殊的身体越来越不及往日，虽是姹紫嫣红的春天，可他感觉自己就像秋叶一样势必落叶归根。一入红尘三十四载，他有过根吗？他一直就是水上浮萍、云中孤雁，何曾有过真正的根。5岁之前在日本，和养母河合仙在一起，温暖舒适，却尚不知人事。自从6岁回到广东老家，他就再也没有过真正的安稳，受尽屈辱。生逢乱世，又有一颗爱国之心，用血泪书写传奇人生。苏曼殊偏又生性多情，一路上离离散散，伤人伤己。他算不上是一个真正的僧人——寺院不是他永远的家，又并非是一个世俗中的男子，没有哪个女人是他最后的归宿。

苏曼殊开始深切地想念日本的养母，这是红尘中唯一一个甘愿一生给他温暖的人。佛祖曾许诺，佛门永远为他敞开，只要他放得下一切。可苏曼殊始终贪恋人间的暖意，在这人间四月天，他要把自己所有的春天都留给樱花，在情感上不能始终如一地钟情于一

个女子，只好对樱花一往情深。真心也好，借口也罢，至少苏曼殊想念养母的心日月可鉴。他坐在驶向东瀛岛国的船上，这一次的大海无比安静，没有什么风，蓝色的天空堆聚着洁白的云朵。苏曼殊记得很清楚，有九只海鸥打头顶掠过，他不知道这个数字意味着什么，只是觉得他必须记住那日的一切。

倦鸟回巢，离人归家，这是他抵达东京见到河合仙的第一感觉。母子重聚，一个红颜已逝，一个被光阴消磨了斗志，万分欣喜之余，又忍不住热泪纵横。作为一个母亲，河合仙只希望这个漂游的浪子有一天可以稳定下来，可以平安幸福，其余的别无所求。而苏曼殊则希望这位善良的母亲健康长寿，得享天年。走过风雨尘世，他们都破碎过，受伤过，也虚伪过，但母子情深，他们之间的情感一直那么真实，那么美好。世界上只有一种情感，不需要粉饰，不需要刻意，那就是亲情。

无论河合仙是亲母还是养母，苏曼殊都把她当作生命里的至亲之人。永远记得感冒时，那一碗冒着热气的姜茶所带来的抚慰心灵的温暖；记得下雨天，她带病送来的那把油纸伞；记得离别的那天，她站在渡口，久久不肯转身离去的孤影。世间也只有持这种爱的人甘心付出，不图回报。那么多的过去，就像在生命中打了个盹儿，醒来之后，梦境依旧模糊。这就是人生，美好的人事总是一闪而过，悲哀的事物却久久徘徊不去。

苏曼殊在日本短短两个月，陪同养母游历了一番，便启程回上海。离开的那一天，苏曼殊没有让养母送行，他害怕泪眼相对，不想泣不成声。他不知道这是自己最后一次踏在日本的土地上。这个被他当作故乡的地方，用纷飞的落樱为他淡淡送行。他却什么也没有留下，一滴眼泪、一个回眸、一声叹息都没有。

在苏曼殊的心里，有一种难以言说的预感和悲情。最后一次看着华发苍颜的母亲，他想对她说一句话："若我离去，从此不再归来，你一定不要伤悲。"但终究没有说出口，这样凄凉地诀别，他不忍。

送离

莲
事

不知道这世间，有多少人对莲荷心生情愫。莲荷带着与生俱来的佛性与慧根，滋长在放生池中，滋长在幽深庭院，也落在乡野小湖里。许多人都说过这么一句话："我的前世，是佛前的一朵青莲。"那是因为他们心里都有佛性，希望前世是一朵青莲，做绿叶下最洁净的那一朵，熏染古木檀香，静听梵音钟鼓。可我们终究还是懦弱的，今生只想任意妄为，做一个彻头彻尾的凡夫俗子。

这个夏天，苏曼殊从日本回到上海，目睹了一场灿烂的莲事。那铺陈了一季的莲，触动了他内心沉睡已久的佛性。以为那个披着袈裟云游四方的和尚已经在这世间死去，却不知那枝莲已经在他的心底生根，早已和生命纠葛不清。苏曼殊，也曾说过自己是佛前的一朵青莲，今生才会与佛有一段际遇。原以为会在菩提树下安静老去，此生纯真且静好，却莫名跳进红尘的染缸，被烟火呛得不敢用力呼吸。

一个宁静的午后，苏曼殊独自一人去了郊外，撑舟采莲，腰间携了一壶茉莉清酿，他喜欢幽淡的茉莉花香，不饮自醉。蝉栖在梧桐树上，轻唱着世人听不懂的歌谣。微风拂过，雪藕生凉，有几只鸥鹭飞过，惊落几片荷瓣，美得惊心。苏曼殊仿佛看到那位宋朝的女词人从藕花深处走来，持一杯华年的酒，吟咏她平平仄仄的词句。"红藕香残玉簟秋，轻解罗裳，独上兰舟。云中谁寄锦书来？雁字回时，月满西楼。花自飘零水自流，一种相思，两处闲愁。此情无计可消除，才下眉头，却上心头。"

这位女子，翻开满溢着墨香的词卷，借着酒意，教他识字。也许是苏曼殊醉了，三十四年，第一次醉得这么失意，在莲荷的芬芳中醉去。他希望有一叶漂浮的小舟将他载去宋朝，看彼岸花开。他应该投宿于某个寺院，等待那位叫李清照的女子，去佛前点燃一瓣心香。或许结一段尘缘，或许不经意地擦肩而过。然而这一切都是苏曼殊酒后所做的梦，醒来的时候，他没能捡到李清照的绣花鞋，她用过的绢帕，或一枚耳坠，但是他拾捡到一首宋词婉约的韵脚。

　　他病了，肠胃病大发，许是吃了太多的酒肉。苏曼殊这一生贪食已被世人下了定论，无论他是否承认，都已经烙刻在他人生的史册中。他在西湖白云庵整日抽烟吃糖，找住持借钱也只为汇款让上海的歌妓帮忙买糖。甚至有记载，说他一贫如洗的时候犯了糖瘾，敲掉一颗金牙，血肉模糊地去换糖吃。多么痴傻又荒唐的和尚，让人又爱又怜，又气又恼。他多次因饮食过度住院，可是在病床的枕头下总能找到零食。苏曼殊爱吃糖炒栗子，据说他最后卧病在医院，死的时候，枕下还藏有几包栗子。那时候的栗子已经冰凉坚硬，如同他没有温度的尸体。其实无须用太多的笔墨去描写一个人的死亡，因为再美丽的死亡都是凄凉的。

　　苏曼殊被病痛苦苦折磨，每次卧病在床都特别悲观。觉得人活着就是来受罪的，昔日有过的享乐在病痛面前那么不值一提。尽管如此，他依旧改不了贪吃的坏习，虽说贪吃不是罪过，可苏曼殊所受的病苦皆由贪吃而起。他是一个不会亏待自己的人，哪怕他禁受折磨和侮辱，遭遇感情的打击，依然酒肉不离。他过的是今朝有酒今朝醉的生活，只要口袋里还有银子，只要还有力气，他都要买自己爱吃的东西尽情地享用。在世人眼中，他确实是个怪人，与佛家所说的清心寡欲大相径庭。

苏曼殊的贪吃有目共睹，他小时候在庙里，因为忍不住偷吃了鸽子被逐出寺庙，后来也没有改掉这习惯，别的僧人粗茶淡饭、静守清规，他会在月黑风高的夜晚，偷跑到酒铺，叫一壶好酒，叫两斤牛肉，不管不顾地享用。只是不知道，他每次去的时候是否记得脱掉那一身袈裟。他去青楼妓院，虽穿着西服，但是谁人不知他是个和尚。他我行我素，吃花酒，和妓女做朋友，没日没夜地聚在一起畅饮高歌。哪怕当众有人揭穿他的身份，他亦不回避，或者一笑而过，并不理会。

这样一个狂人连佛都不能奈何，然而这些缺点也恰恰是苏曼殊的优点。他活得洒脱不羁，放浪形骸，并且是那么敢做敢当。他虽任性妄为，醉酒却不闹事，和歌妓在一起，却从不逾越最后的底线。他投身于革命。他专心绘画，将世人带进他磅礴的水墨中。他写情诗，打动了无数伤感的灵魂。可以说，苏曼殊的魅力无人能及，因为他的多面性格都是世人真实的性情。做许多人不敢做的事，爱许多人不敢爱的人，在他的身上，流淌着叛逆的血，这份叛逆其实每个人都有，只是并不是每个人都有勇气表达。

养病期间，苏曼殊还有一段惊心的奇遇。他结识了当时上海滩

的名角小如意和小杨月楼。或许苏曼殊的前世就是个伶人，否则他今生为何会与歌妓、戏子纠缠不休？他喜欢听戏，那圆润婉转的唱腔似千丝万缕的情丝，柔软坚韧，扯也扯不断。看着他们披着薄薄的绸缎戏服，化着浓艳的戏装，扮演着花旦，婀娜的身子、妖媚的眼神，风情得令人掉泪。在苏曼殊的眼里，他认为这样的男子适合当情种。

妙善御园叩拜神佛，

每日里一心念弥陀。

世间生灵造孽多，

功名富贵反成魔。

人生在世能有几何？

南无佛，弥陀佛，无量寿尊佛！

……

小杨月楼唱《观音得道》，那身姿真是风情呀，凉意盈袖，媚骨袭人。苏曼殊哭了，他被这份柔软彻底击中，无处可逃的时候只能任由眼泪滚落。尘封的往事就被他们这样唱醒，裸露在时光底下。苏曼殊终于知道，原来戏曲可以这样地贴心，亦可以剜人伤痕，或慰人相思。人生就是这样一出戏，演尽爱恨情仇，台上人身心投入，台下人看得时悲时喜。人说戏子无情，每一天不知疲惫地戴着虚伪的面具演绎着别人的离合悲喜。人又说戏子多情，在与自己无关的故事里摒弃所有傲气，用灵魂尝尽别人的酸甜苦辣。

就这样唱老了春光，唱断了流年，将岁月唱得越来越凉。再华丽的戏子也抵不过光阴交替，再大红大紫的名角也只是一辈子为他人作嫁衣。看罢他们的戏，苏曼殊似乎释然了许多，他的一生尘里尘外、半僧半俗，和戏子台上台下、征歌逐妓又有什么区别。多年以后，小杨月楼唱完一场戏归来，就那样长眠不起，而小如意也不知道从哪一天开始，把自己弄到下落不明。

我们总是叹怨光阴无情，将我们催老。其实我们比光阴更无情，亲手将它荒废。人生真的是戏，多少戏中的人已死去，就像放生池中的莲也会有一天开到枯败、开到萎落。那时候，我们会将日子过到无谓，过到任何人都记不起。

莲事

劫
数

浮生如梦，一场戏的结束会是另一场戏的开始。在历史这个好戏纷呈的舞台上，有多少人的故事惊心动魄，又有多少人的故事平淡无奇。所有来过这世间的人，以及存在于这世间的物，无论哪一天从这世间抽离，都会留下些许痕迹。那个夏季，我们见证了一池莲从生长到萎落的漫长历程。那个秋季，看到一枚红叶离开枝头，以及纷飞落地的所有细节。

人的一生如同草木，春萌秋萎，我们经历了许多，可以记住的片段却那么微少。待到有一天，要与这个世界告别，不知道什么可以带走，又有什么可以留下当作是馈赠给人间的礼物。人生四季，总有太多我们阅之不尽的风景，邂逅不完的人。人与人之间的相逢是缘分，人与风景的相逢亦是缘分。缘来时就是天涯海角也会牵手，缘灭后纵是咫尺之间也无法相见。红尘渺渺，我们时常会觉得无处藏身，从这个镇到那个城，颠沛流离地过一生。落魄之时，对一株草木都要跪地乞怜，对一粒尘埃都要点头哈腰。

这个夏天，对苏曼殊来说并不短暂。他乘舟采莲，邂逅了宋代的李清照，进行了一场诗意的交谈。他结识了伶人小如意和小杨月楼，深切地感受到人生如戏的薄凉。这些日子，他时常去听戏，独自贪恋戏里的悲喜。他甚至有穿上戏服，抹上脂粉，上台去舞一段水袖，唱几段的冲动。苏曼殊希望自己在有生之年也可以写出一部戏曲，让他喜爱的伶人演绎，给那个故事一个生如夏花的开始，一个静若秋叶的结局。

这些夜晚，苏曼殊伏案写作，陪伴他的只有一盏幽淡的灯，以及窗外的清风朗月，还有那不知疲倦的蝉。他的小说《非梦记》撰成后，应包天笑之约，刊登于《小说大观》。这部小说竟是苏曼殊此生最后的作品。最喜他文中意境，云雾苍松，古寺老僧，茫茫世间，一段爱恋。"海天空阔九皋深，飞下松阴听鼓琴。明日飘然又何处，白云与尔共无心。"白云无心，记不住过往的岁岁年年，人生有情，却终究还是抵不过似水光阴的滔滔东流。人生似梦非梦，

想来这故事也是以别离结局，在某个多雾的晨晓，故事中的人背着简单的行囊，在崎岖的山道上飘然远去。

苏曼殊喜欢读汤显祖的《临川四梦》。那些梦，让他体味到人生幻灭无常，姻缘前世有定，富贵难以长久。人以为生活在梦中，就可以忘记现实里的种种苦难，却不知梦醒后，那种无边的寂寥来袭，会将你原本完好无损的心彻底撕裂。《牡丹亭》里多么美好的爱情，生可以死，死可以生，全凭作者一支灵动的笔书写，从此，姹紫嫣红、烟波画船成了世人对一切美好的渴望，如花美眷、似水流年更成了青春梦里一出永不谢幕的戏。

他觉得自己的一生就如同南柯一梦，只是南柯梦里一派雕梁画栋、蝶舞莺歌，自己的一生却飘萍浪迹、寂寥伶仃。许多人认为苏曼殊的一生过得模糊不清，他爱上漂游，沉湎于酒色。其实只有他自己明白，他上了清醒的当，一开始在寺院闭关修炼几个月，就已经深透知晓这个人世。悟到无处可悟的时候，他体味到内心深刻的孤独。这世上，释迦牟尼只有一个，老子只有一个，轩辕只有一个，而苏曼殊以为自己也只有一个，所以他至死都不肯辜负自己仅有一次的人生，尽管对这份自由他付出了常人难以承受的代价。

一枚红叶落在窗台，似在提醒苏曼殊，秋天真的到了，四季中最爱的一季就这样不期而至。香叶如火，高天洗云，松针吐翠，落日熔金。他想起《牡丹亭》里杜丽娘说过一句话，一生儿爱好是天然。是的，无论你是怎样一个冷血的人、罪恶的人，或是浅薄的人，都抵不住春花秋月的诱惑。苏曼殊觉得自己是一株秋天的芦苇，孤独而苍凉，他可以将世间风景看透，却没有人可以真正读懂他的心。这一生中，真正的知己是他笔下的诗句，是他画中的墨迹，是他禅房的木鱼，是日本的樱花，是江南的烟雨。

　　这个秋季，苏曼殊病痛缠身，秋雨打在他尚未合上的诗稿上，惊醒他朦胧的梦。这些日子他总是做梦，醒来之后感觉到一种从未有过的虚脱，心冷到毫无血色，曾经惊涛怒浪的旅程如今都归于平静。他住进了霞飞路医院，每天听冷雨敲窗。以往总以为生命像藤蔓一样，在岁月的墙头千缠百绕，生生不息。而今似乎明白，秋天的藤蔓也会枯萎断落，也有不能起死回生的时候。他就是那秋天的枯藤，褪去了葱绿的衣裳，光华在季节里应声而落，还给了流年。

　　这是苏曼殊第一次向命运低头，他之前也有过认命的想法，可

都不曾真的软弱，这次是从骨子里发出的软弱声音。苏曼殊害怕住院，白色在他心里意味着圣洁，医院却给他一种死亡的征兆。在医院，他亲眼看到昨日与他谈笑风生的病友，第二天在一块白布下安静地睡去。那些被称作白衣天使的护士对他千般叮嘱，藏起了他放在枕头下的糖，熄灭了他刚刚点燃的烟。苏曼殊依旧那么任性，在病还未完全康复之时，他不听医生劝阻，毅然出院。

出院后的苏曼殊居住在新民里，和蒋介石、陈果夫同住。看到秋叶纷纷离枝，他的内心有一种难以言说的感伤。落寞的时候，他深切地怀念在寺院的生活，虽然寡静，却让他感到安心。悲悯的佛会原谅世人所犯下的一切罪过，他慈悲的眼神可以减轻你的痛苦，让死亡不再那么悲凉。回不去了，多想回到第一次出家的海幢寺，做一个静扫落叶、种菜养花、劈柴挑水的小和尚。一个人，一颗心，在寂寞的山崖坐看云起，任世间繁华万千，他只做佛前芥子。

这些年，苏曼殊四海漂游，经历了太多的故事，只是这滔滔不尽的尘世，他又管得了多少？他不知道自己这一生到底是佛缘深，还是尘缘深，只知道，佛是他的画，尘是他的诗，两样都不能割舍。这个深秋，苏曼殊披起了袈裟，住在红尘深处，看长风寂寞、秋叶成泥。 他有种预感，今生再也踏不进寺院的那道门槛，或许只能来生去倾听久违的钟声。他终究还是要转世，还是要轮回，盘点这一生，他得到的应该比失去的要多。

苏曼殊经常告诉他身边的朋友，说他可以感应自己的前世，预知自己的未来。他们相信苏曼殊是一个灵气非凡的人，却无法认同一些玄妙的说法。一个读过经卷、敲过木鱼、研究过佛法禅理的僧人，其思想自是与凡夫俗子不同。他甚至说可以预知人类的未来，可以度化世人于苦海。我们应当相信他的慈悲，甚至应该为他的慈悲而感动得落泪。只是很遗憾，他在佛前所得的那一点法力，甚至都度不了他自己。

在劫难逃。苏曼殊看过这个冬天的第一场雪后，用笔写下了四个字：在劫难逃。他认为命里注定要遭受的灾难是无法逃脱的。佛教认为世界有成、住、坏、空四个时期，到了坏劫，出现风、水、火三灾，世界归于毁灭，如此周而复始。人们把天灾人祸等称为"劫"或"劫数"，以"在劫难逃"谓命中注定要遭受祸害，不能逃脱。

　　苏曼殊病重，入住了海宁医院就医，日泻五六次，气若游丝，状甚危。孽海情天，富贵浮云，他的人生就像一首绝笔诗，用尽所有激情，写尽世间况味，清高又寥落，绝美亦苍凉。

归

尘

　　总有回不去的故园，总有等不到的春天，一个人完全满足时，或者彻底失望时，就会对这个世界别无他想。任何时候，你仰望蓝天都可以看到佛坐在云端，俯瞰芸芸众生，拈花微笑。佛说，痴儿，不要再执迷不悟，回头是岸。我们的眼神依旧迷惘，叹息道，还能回头吗？我们明明立在岸边，此岸不是彼岸吗？清醒之人，早已采莲为舟，乘风远去。愚钝之人，始终找不到渡口，看不清岸在何方。

　　这个冬天，对苏曼殊来说，是一生中最难熬的一季。他就是一叶木舟，自以为可以找到彼岸，却被一场大雾耽搁，迷失在茫茫世海。苏曼殊从来都不敢与佛比高度，尽管他多次与佛对话，尽管他倔强地以为这世间一定有救世主，那是佛陀赋予他的使命。一个人

由生到死，短短数十载光阴，死者湮灭无知，生者悲恸不已。倘若死者一生传奇，生者亦会有所慰藉。比如《红楼梦》里晴雯死了，小丫头告诉宝玉，她不是死了，而是去做了芙蓉花神。黛玉亦是如此，她不是死了，而是天上的绛珠仙子，情债已了，该回到原本属于她的地方。还有幻化人形的白狐，不是死了，而是回归山林，飘然远去。

苏曼殊的病情非但没有好转，反而日益加重。周南陔前往医院慰问他，苏曼殊握其手含泪说："身畔无一时计，日夜昏昏，不知命尽何时？"这时候的苏曼殊似乎已有强烈的预感，预感自己哪一天就会这样昏睡过去，再也不会醒来。周南陔解下身上的佩表赠之，说了许多宽慰的话语，说到最后，他都忍不住怀疑，苏曼殊真的还会好吗？是啊，你看他形容消瘦，神情黯淡，往日那个意气风发的苏曼殊早已不知去了哪里。

坐在镜前，看着自己憔悴的容貌，苏曼殊很想说服自己——只是病了，愈后还会回到以前的模样。他甚至安慰自己，他前世一定是金莲，或是佛前的青油灯，或是古铜镜，今生任何时间死去都是完成使命。在他内心深处，始终相信自己可以等到来年的春暖花开。说不定他还可以做那只孤雁，漂洋过海，去日本看一季樱花。

苏曼殊确实挨过了那个漫长又寒冷的冬季，看到了他所期待的春天。只是他不知道，他是一只断翅的孤雁，早已失去了飞翔的能力。1918年3月，苏曼殊病情恶化，由海宁医院转至广慈医院医治。躺在病榻上，苏曼殊感觉自己的生命就像是一杯冷却的茶，泡出了所有的味道，却已经不能品尝，因为这杯茶有毒，一种积岁的毒。一树寒梅从庭院探进窗口，遒劲的枝、娇艳的花却唤不醒他内心曾经有过的渴望。

那时候，居正亦在广慈医院养病，住在苏曼殊的隔壁。周南陔再次来探望他的时候，有意对居正说，佛在云中宣言，苏曼殊当速愈，用以安慰。苏曼殊闻后大乐，于榻上顶礼佛天。这是善良的谎言，无可奈何的时候，谎言也成了最甜美的慰藉。人心是多么脆弱，一个平日里豁达无惧的人真正面临死亡，亦会生出难以言喻的恐慌。毕竟你要从一个熟悉的世界，骤然赶去一个陌生又未知的世界。在那里，没有亲朋好友，没有人间四季，就连奈何桥、孟婆汤、三生石和忘川河都是世人的想象，那个阴冥之界究竟是什么样

子，谁也无法真正说清。

　　病到无力思考的时候，苏曼殊昏沉沉地做梦。他的梦没有未来，所有的梦都是昨日重现，仿佛把三十五年的路重走了一遍、发生过的事再忆一回，曾经邂逅过的风景，爱过的人，都纷纷与他道别。那么多女子，那么多挂泪的容颜，让他在梦里痛得不能呼吸。他不敢醒来，他知道醒来之后就再也拼不出一个完整的人生。梦里，苏曼殊沉沦于那一笔笔千疮百孔的情债里，纵是炼狱，他亦甘愿沉沦。这是他唯一可以为过往做的，承认一切罪过，解答一世谜题。

　　他和佛做了最后的告别，他告诉佛，他该为虚妄的今生忏悔。佛说，他没有错。烟火红尘也可以修炼般若，繁华世间也可以是修行的道场，车水马龙的街巷也可以闲庭信步。苏曼殊只不过做了真实的自己，他该无悔于人生，无愧于佛祖，无负于红颜。这世间，谁也没有资格评判谁的一生，对与错，爱与恨，一切都在于个人心中的那杆秤，那把尺。其间的分量和长短，只有自己计算把握。人生是一场赌博，也是一场投资，你倾囊而出，可能拥有一切，也可能一无所有。

该来的时候来，该去的时候去，这句话许多人都会脱口而出，却不懂得其间的重量。这个春天，苏曼殊终究还是没能去日本，没能看到生命里最后的那场樱花。人生从来都不完美，因为残缺才留给世人无尽的想象。带着期待而来，带着遗憾离去，是为了给来世做铺垫，是为了给轮回寻找一个铿锵的借口。来的时候，没有惊扰一草一木，死的时候，也无须惊动一尘一土。

1918年5月2日下午4点，苏曼殊病逝，时年35岁。三十五年的红尘孤旅，三十五年的漂浮生涯，三十五年的云水禅心，最后只留下一句："但念东岛老母，一切有情，都无挂碍。"死的那一刻，苏曼殊看到自己的影子，像是一件单薄的僧衣，晾晒在寺院的窗台，随风飘荡。这意味着什么？坦然接受死亡的到来？有谁知道他的魂魄去了哪里，有谁记得那个约定——若你死后，我将在某个黄昏，亲手埋葬你。

他真的没有挂碍吗？过往爱过的红颜佳丽放得下，灵山的佛祖放得下，他能放下日本横滨的母亲吗？苏曼殊弥留之际做了最后的倾诉，他怀念东瀛岛国的母亲。他的遗憾就是不能死在她的怀中，他希望自己像出生的时候一样，微笑着与这世界招手。只是天不假

年，他最后的心愿没有达成。他的人生原本就有太多的遗憾，多一个少一个又何妨，任何计较都是给活着的人增添负累。

苏曼殊死后，众好友检视其遗箧，脂盒香囊，不一而足。一代情僧，终于走完了他孤寂的一生。随缘寂灭，一了百了。苏曼殊死的那一天，他8岁那年在广州长寿寺亲手种下的那株柳骤然死去。原来人世生灭故事，早已蕴含在大自然的荣枯里。也许是巧合，也许真的有某种不能彻悟的玄机，《金刚经》有这么一句偈语："一切有为法，如梦幻泡影，如露亦如电，应作如是观。"

汪精卫代为料理棺殓。5月3日，入殓。次日，灵枢移厝广肇山庄。情僧、诗僧、画僧、革命僧，集才、情、胆识于一身的苏曼殊，就这样在人间孤独地游走了三十五年。一只孤雁把翅膀还给了昨天，把寂灭留给了自己。他在樱花树下睡着了，做着一个永远不会醒来的梦，和樱花一起化作春泥。

奇
缘

有一种花要离开枝头，才能散发出奇异的幽香；有一种树要老去，才能体现出它存在的价值；有一些人要死后，才能让人永远铭记在心底。岁月的无情可谓有目共睹，可它也只是遵循自然规律。万物荣枯有定，半点不得强求。缘分亦是如此，缘来缘去，是我们耗尽一生都无法逆转的棋局。

江湖中人时常会说一句话："生有何欢，死有何惧。"关于生死别离，我们是这样无能为力，曾经费尽心思想要参透的玄机，在死亡到来的时候不值一提。在不能改变的结局里，我们只好将一切希冀交付给来生，宁可相信真的有来世，真的有因果轮回。那么，今生未了的心事来世还有机会了却，今生未还的债来世还可以偿

还，今生无法割舍的人来世还会再续前缘。

苏曼殊真的死了，35岁，多么年轻的生命，在红尘孤独地游历
一回又匆匆离去。让人忘不了的是他临死留下的话："一切有情，
都无挂碍。"多么倔强的人，纵是死，也要告诉世人，他那行云流
水一孤僧的洒脱。他说他是戏里的青衣，在璀璨的花事里用生命和
灵魂演绎一场死亡的美丽。这朵流浪的青云，零落的孤雁，终于找
到了归宿，可以停止漂游，可以安静地躺在杳无人烟的山坡上，只
是再也没有了呼吸。

这个暮春，苏曼殊和百花一起纷纷飘落，萎作尘泥。如此诗意
的死，对苏曼殊来说或许没有太多遗憾，尽管没有谁相信他真的可
以放下世间一切，平静地接受死亡。这样一个狂傲僧人，一个凌云
志士，一个世间情种，亦不敢和生命讨价还价。他守信诺，尊重这
份以悲剧告终的结局，并且无悔。苏曼殊是病死的，关于他的死众
说纷纭。有人觉得他的病是咎由自取，但更多的是感叹、是怜惜。
当我们看着一个正当壮年的人骤然死去，无论换作谁，都会唤起内
心深处的慈悲。

他是一个僧人，一生虽然狂放不羁，但是问心无愧。他的确辜负过佛祖，又有负于红颜，可这一切都是前世命定，他被命运的鞭子抽打了三十五年。三十五年的飘零，三十五年的孤苦，三十五年的空茫，若有债，也该还清了。苍茫世间，多少人在纵横的阡陌上来来往往，直到迷失自己。多少人冷眼看着岁月纷繁，好似与自己无关。来到人世之前，我们都是最陌生的人。来到人世之后，纵然不曾相见，也在同一片天空下紧紧地相依。

原以为苏曼殊出生在那个生长樱花的岛国，又一生和樱花结下不解之缘，死后亦会回归到那里。却不知，他的灵柩在上海停放了六年之久，最后被移葬于杭州西湖孤山。或许这是上苍给他安排的另一段情缘，苏曼殊有生之年曾多次去过杭州西湖，亦几度拜祭过苏小小，甚至在西子湖畔，与乘着油壁车的女子有过美丽的邂逅。他生前流连于烟花柳巷，将青楼歌妓视作知己，死后又与江南名妓苏小小有了这相依相伴的缘分。

苏曼殊被葬在杭州西湖孤山北麓的西泠桥东面，苏小小的墓在西泠桥西面，两座孤坟遥遥相望。他们二人同姓苏，一生爱好西湖山水，同样有着卓然不凡的才情与遗世独立的傲骨。这样的圆满无

奇
缘

：
：

185

缺，令人疑惑是否真的是巧合。苏曼殊情系一生，就连死亦无法摆脱诗意的浪漫。命运似乎要刻意这样安排，唯有这样苏曼殊这传奇的一生才能画上圆满的句号。人世风景万千，世间百媚千红，也只有西湖风光，只有苏小小才有资格陪着这样一个绝代人物。

因为这个尚且不错的结局，抹去了郁积在世人心中的遗憾。倘若将他葬在荒山野岭，与不知名的草木为伴，难免令人心生凄凉。毕竟苏曼殊这一生参过高深的禅，写过多情的诗，画过生动的画，以及为革命事业奉献过所有的热情和最好的年华。这个集诗、画、情、禅、革命于一身的人，在乱世漂浮，居无定所地过了一生。也许死才是最好的归宿，只要他活着，这只红尘孤雁永远无法摆脱他飘零的宿命，只能在这个苍茫世间里来回奔波，直到落尽最后一根羽毛。

在众生眼中，苏曼殊是个半僧半俗的人。有人说他是一个僧人，披着袈裟，竹杖芒鞋在人间游走，莲台才是他最后的家。有人说他是一个情种，身着西服，风度翩然，嬉笑在秦楼楚馆，红颜才是他心灵的归宿。亦有人说他是一个志士，在时代的滚滚洪流下，惊起风云万丈。还有人说他是一个伶人，在人生这精彩纷呈的舞台上，演绎着一场又一场阴晴圆缺的戏。他吟过"行云流水一孤僧"，又吟"恨不相逢未剃时"。他婉转时像一阕宋词，潇洒时如一篇散文，深邃时又若一部小说。他的一生一直在行走，任何一个想要与他结缘的人都必须放弃安定，同他一样背着行囊远走天涯。

对于这个苍茫的尘世，永远没有早到的人，也没有迟来的人。人生在世，就要接受命运的安排，接受岁月的洗礼，和白云一起流浪，与大雁一起飘游，直到有一天，真正找到了属于自己的归宿。据说，苏曼殊死后若干年，他的坟墓亦被动迁过，这让我们不禁感慨，偌大的一个世间连一座坟墓都容不下？好在如今这座墓碑完好无损地伫立于西湖孤山，可以自在地赏阅西湖四季风光，看尽红尘过客往来。

风烟俱净，天山共色。从流飘荡，任意东西。一直以来，我们都是那个追梦的人，像一个不知疲倦的过客，在这熙攘的世间追逐名利，追逐情感，亦追逐生命的精彩。直到有一天，发现云止步了，雨停息了，才恍然，你和我真正要的也只是一份简单和安定。这世间总会有不死的魂魄，如那巍峨耸立的高山，如那滔

滔不止的江水，还有那株在西子湖畔吟哦的小草。《般若波罗蜜多心经》云："无挂碍故，无有恐怖，远离颠倒梦想，究竟涅槃。"苏曼殊终究还是解开尘网，远离颠倒梦想，乘一叶小舟驶向了莲开的彼岸。

一只红尘孤雁

夜半梦醒时，窗外下起了雨，一场冬日的雨，尽管寒凉，却有种久违的熟悉。这落个不停的雨，惊动了我潮湿的记忆，无法安睡的我，想为这本书写个后记。自完稿搁笔后，心底有个声音一直在呐喊，总算把他给写死了。多么残忍的想法，那么地迫不及待，可我并没有觉得释然，反而有种无法填补的落寞和荒芜。

焚香听雨，泡一壶清茗，不是假装优雅，只是为了浸染一点禅意。我想起了枕着潇湘雨竹、一夜不眠的林黛玉，想起了隔帘听雨、举樽独饮的李清照，还想起了与妻子共剪西窗烛、同话巴山夜雨的李商隐。雨，温润又迷蒙，诗意又惆怅。而苏曼殊这只在红尘

风雨中漂泊一生的孤雁，亦被雨打湿过翅膀，滋养过心性。

一直以来，我都是个有始有终的人。要么不愿意开始，倘若有了开始，就一定会走到结局。若问缘由，则是我信因果，我相信这世间有因果轮回。有花开，就会有花落；有缘起，就会有缘灭；有别离，就会有重逢；有沧海，就会有桑田。尽管万物兴衰有定，可我们还是不知道用什么来抵御变幻无常的人生。

我并不愿意追溯一个人的前尘往事，我甚至以为这样的做法有些失礼。一个人，无论他的一生是尊贵还是谦卑，到死后，就只剩下一抔黄土和几株草木覆盖。一切荣辱悲喜、成败得失，都随着他离开尘世的那一刻而寂灭无声，毫无意义。可我们为什么还要将他们合上的人生书卷重新翻开，摊在阳光底下晾晒，从来不问他们是否真的愿意如此让世人阅读？我以为我们该缄默不语，让所有过往都掩埋在尘泥之下，永远安安静静地存在。我以为我们该忽略不提，无论是非对错，逝者已矣，就注定与这世界再无瓜葛。

我错了，尽管我们只是渺渺沧海里的一颗沙粒，生灭荣枯转瞬被人遗忘。可谁也无法让自己活到了无痕迹，无法将自己藏到一个无人知晓的角落里。纵然死去，魂魄也会停留在某个伤感的季节里，接受三生三世的轮回。我们总说人生如戏，每日在镜前描眉画眼的却是自己，尽管没有谁甘愿为他人作嫁衣，却终究逃不过命中注定的结局。

自我动笔写苏曼殊那一天起，心中就有种难言的滋味。因为他不是一个平凡的人，一个传奇般的人物注定过不了安稳平静的日子。生逢乱世，加之他旷世的才情和非凡的际遇，令苏曼殊这一生漂浮如云，孤独若雁。他用半僧半俗的身份游历在庙宇和红尘之间，往返在日本和中国两岸。若说寂寞，苏曼殊身边从来不缺人，有畅谈人生的知己，有刻骨铭心的红颜。若说幸福，苏曼殊自小飘来荡去，从来没有一处属于他的归宿，直到死去，都是那样孤独无依。

这个被世人称作情僧、诗僧、画僧、革命僧的人，背负着让人神伤的传奇，在浮世行走，看似洒脱自在，其实如履薄冰。他活了三十五年，三十五年，对一个白发苍苍的老者来说，只是漫长人生中的一段插曲，飘忽即逝。可对一个刚刚来到人间的婴孩来说，

后记　一只红尘孤雁·

191

又是多么漫长，足够尝尽风尘冷暖，看遍千里飞沙。人和人真的不同，有些人用一天的时间就可以创造永久的传说，有些人用一辈子都无法留下一个奇迹。

　　也许苏曼殊从来都没有想过，有一天他会成为文人笔下不可缺少的主题，他的故事会撼动万千世人的心。其实他也只是想做一个简单的人，可以自由地出尘入世，可以无所顾忌地吃喝玩乐，可以和绝色佳人尽兴欢愉。他所做的一切，亦不是要让人将他记起，如果可以，或许他宁愿默默无闻，尽管他内心有着常人无法抵达的深刻。有人说，他是无情的，这一生辜负了太多的红颜香雪。有人说，他是深情的，他之所以每次爱过又选择逃离，是怕负了如来，又负卿。

　　每个人都是矛盾体，坚强又柔软，乐观又悲情，仁慈又邪恶。纵然苏曼殊是佛前的芥子，亦无法做到洁净如一。他的心被寺院的檀香熏染过，也被红尘的染缸浸泡过，在不能挣脱的命运里，他亦无能为力。人生如棋局，看似简单的排列实则错综迷离。任何一个不经意都会让自己泥足深陷，想要回到最初已经来不及。苏曼殊期望可以悠然生长在莲花彼岸，却终究落入凡尘数十载，蹚不过岁月的忘川。

　　一只红尘孤雁以为天高地阔就可以任意逍遥，但也只是往返在人间水岸，过着一粥一饭的生活，赏阅一草一木的风景。曾有法师为他批过命，说他一生错在情多，才会有那么多无法躲避的劫数。我经常说，活着就是来消孽的。消去你前世的孽债，从此清白地活着，简单地活着。其实我还是错了，宿债是无法还清的，你清算了前生，还有今世。人生就是一场不知疲倦的轮回，我们早已将日子过到索然无味，却依旧要安分守己每一天。

　　总觉得苏曼殊的一生活得实在是太累了，恰逢乱世，浮沉不定也就罢了，情难自禁亦非他的过错，却偏生还要遭受那么多突如其来的灾难。短暂的一生曲折又漫长。关于苏曼殊的一生，似乎有太多的纠结，太多的不尽如人意，我不愿再次提起。而他死后的奇遇也那么耐人寻味，和江南名妓苏小小一样，他葬身在诗情画意的西泠。有人说他们缘定几生，也有人说只是一种巧合，无论如何，他们有着这样深刻的缘分，定是修炼了数百年。苏曼殊生前视歌妓为知己，死后与歌妓共山水，这难道不是佛家所说的因果？

一个天涯浪子就这样没着没落地过完了短暂的一生，死后有诗情画意的西湖安身，又何尝不是一种幸福。所谓归宿，莫过如此，停止呼吸的那刻起，就意味着结束了人间所有飘荡。一个人从生命的最初走到最后，无论是以喜剧还是悲剧的方式收场，都算是圆满。其实每个人的一生都是轻描淡写，那些错综复杂的故事都源于无意。就如同手中的笔，不受任何的拘束，可以肆意在岁月的纸上挥洒。烘托出的意境是十里烟波，是霜林醉晚，是绿云晓雾，是柳岸青山。

捧读苏曼殊的诗，会蓦然想起那些有情的过往，和老旧的时光；会想起有一个叫仓央嘉措的情僧在遥远的西藏，那个充满神奇和幻想的土地上，写下过同样情真意切、耐人寻味的诗句。他们的一生都似乎太过短暂，也许他们原本就不是凡人，所以无法接受凡人的生老病死。他们都是佛前的莲，开放到最灿烂之时，再以最决绝的方式死去。不知是谁说过，深情之人大多以悲剧收场。不是他们刻意逃离，而是他们提前完成了人生的使命，所以走得那么急。

一切有情，都无挂碍。这是苏曼殊离开人间留下的八个字，看似云淡风轻，却流露出对尘世无限的眷念之情。纵是不舍，也要离开，在死亡面前，任何人都显得那么无能为力。与其痛哭流涕，跪地求饶，莫若拂袖而去，洒脱自在。风雨人生，走过之后再回首，一切都已是寻常。那个漫长又艰涩的历程，到最后也只是被几页薄纸代替。多少帝王将相的风云霸业，也不过成了渔者樵夫的酒后谈资。追思过往，许多人都会忍不住问自己，到底争的是什么？要的是什么？舍不得的是什么？

没有谁可以给你一个确定的答案。岁月就是清梦一场，我们演绎的时候无须太过认真，有时候，似是而非的表达更添朦胧之美。人生舞台上的这出戏从来都不是静止的，它有着流动的韵致，在光影交错的剧幕里，会让我们感受到前所未有的满足。待一切退场时，忙碌了一生的你我，寻觅的仅是一处宁静安适的归所。真的不必再对错过的人和事念念不忘，如若有缘，在来世的渡口终会相遇。那时再把今生没有说完的话说完，没有了却的愿彻底了却。

说是后记，断断续续，却不知表达了些什么，像是瓦檐的雨，静静地诉说冬日里一个悲凉的故事。然掩卷之时，窗外竟然飘起了雪花，这是今年江南第一场雪，带着某种不可言说的情思。没有任

何征兆，就这么来到人间，洁白轻盈的风姿带给世人无尽的喜悦。我们总是被一瓣雪花打动，为了那份灵逸和清扬，愿意割舍一切纠缠，与它一起消融。我想起了苏曼殊，看过江南的春雪，又在多梦的桥头，看一场璀璨的樱花。

尽管苏曼殊这一生与佛结缘，但依旧在尘世游历，尝过百味人生，深知世情冷暖。雪落的时候，我似乎看到第一朵梅开，只是不知道这淡淡的幽香许诺了谁人的情，我想我们的世界从此应该寂静无声。就让我用瘦瘠的笔写下一首诗，给这只孤雁，还有同样寂寞的你我。其实我们并不孤独，因为此生有过一段美丽的邂逅。是禅，给了众生安宁，还有花开的幸福。

我在红尘

无处安身的红尘

以为可以过得漫不经心

却不知

一点风声也杀人

究竟该如何

如何敲开过往深锁的重门

让我回到

再也回不去的曾经

从何时开始

我做了一朵青色的云

被迫接受了飘浮的命运

那么多擦肩的过客

谁又是谁的归人

不要问这世间

还有几多的真心

在穷途末路的时候

就和自己的影子相依为命

白落梅

苏曼殊诗选

以诗并画留别汤国顿（二首）

一

蹈海鲁连不帝秦，茫茫烟水着浮身。

国民孤愤英雄泪，洒上鲛绡赠故人。

二

海天龙战血玄黄，披发长歌览大荒。

易水萧萧人去也，一天明月白如霜。

有怀（二首）

一

玉砌孤行夜有声，美人泪眼尚分明。

莫愁此夕情何限？指点荒烟锁石城。

二

生天成佛我何能？幽梦无凭恨不胜。

多谢刘三问消息，尚留微命作诗僧。

本事诗十首

一

无量春愁无量恨，一时都向指间鸣。

我亦艰难多病日，那堪更听八云筝。

二

丈室番茶手自煎，语深香冷涕潸然。

生身阿母无情甚，为向摩耶问夙缘。

三

丹顿裴伦是我师，才如江海命如丝。

朱弦休为佳人绝，孤愤酸情欲语谁。

四

慵妆高阁鸣筝坐，羞为他人工笑颦。

镇日欢场忙不了，万家歌舞一闲身。

五

桃腮檀口坐吹笙，春水难量旧恨盈。

华严瀑布高千尺，未及卿卿爱我情。

六

乌舍凌波肌似雪，亲持红叶索题诗。

还卿一钵无情泪，恨不相逢未剃时。

七

相怜病骨轻于蝶，梦入罗浮万里云。

赠尔多情书一卷，他年重检石榴裙。

八

碧玉莫愁身世贱，同乡仙子独销魂。

袈裟点点疑樱瓣，半是脂痕半泪痕。

九

春雨楼头尺八箫，何时归看浙江潮。

芒鞋破钵无人识，踏过樱花第几桥。

十

九年面壁成空相，持锡归来悔晤卿。

我本负人今已矣，任他人作乐中筝。

为调筝人绘像（二首）

一

收拾禅心侍镜台，沾泥残絮有沉哀。

湘弦洒遍胭脂泪，香火重生劫后灰。

二

淡扫蛾眉朝画师，同心华鬈结青丝。

一杯颜色和双泪，写就梨花付与谁。

调筝人将行，嘱绘《金粉江山图》，题赠二绝

一

乍听骊歌似有情，危弦远道客魂惊。

何心描画闲金粉，枯木寒山满故城。

二

送卿归去海潮生，点染生绡好赠行。

五里徘徊仍远别，未应辛苦为调筝。

寄调筝人（三首）

一

生憎花发柳含烟，东海飘零二十年。

忏尽情禅空色相，琵琶湖畔枕经眠。

二

禅心一任蛾眉妒，佛说原来怨是亲。

雨笠烟蓑归去也，与人无爱亦无嗔。

三

偷尝天女唇中露，几度临风拭泪痕。

日日思卿令人老，孤窗无那正黄昏。

步韵答云上人（三首）

一

诸天花雨隔红尘，绝岛飘流一病身。

多少不平怀里事，未应辛苦作词人。

二

旧游如梦劫前尘，寂寞南洲负此身。

多谢索书珍重意，恰侬憔悴不如人。

三

公子才华迥绝伦，海天廖阔寄闲身。

春来梦到三山未，手摘红樱拜美人。

吴门依易生韵（十一首）

一

江南花草尽愁根，惹得吴娃笑语频。

独有伤心驴背客，暮烟疏雨过阊门。

二

碧海云峰百万重，中原何处托孤踪？

春泥细雨吴趋地，又听寒山夜半钟。

三

月华如水浸瑶阶，环珮声声扰梦怀。

记得吴王宫里事，春风一夜百花开。

四

姑苏台畔夕阳斜，宝马金鞍翡翠车。

一自美人和泪去，河山终古是天涯。

五

万户千门尽劫灰，吴姬含笑踏青来。

今日已无天下色，莫牵麋鹿上苏台！

六

水驿山城尽可哀，梦中衰草凤凰台。

春色总怜歌舞地，万花缭乱为谁开？

七

年华风柳共飘萧，酒醒天涯问六朝。

猛忆玉人明月下，悄无人处学吹箫。

八

万树垂杨任好风，斑骓西向水田东。

莫道碧桃花独艳，淀山湖外夕阳红。

九

平原落日马萧萧，剩有山僧赋大招。

最是令人凄绝处，垂虹亭畔柳波桥。

十

碧城烟树小彤楼，杨柳东风系客舟。

故国已随春日尽，鹧鸪声急使人愁！

十一

白水青山未尽思，人间天上两霏微。

轻风细雨红泥寺，不见僧归见燕归。

无题（八首）

一

绿窗新柳玉台傍，臂上微闻菽乳香。

毕竟美人知爱国，自将银管学南唐。

二

软红帘动月轮西，冰作阑干玉作梯。

寄语麻姑要珍重，凤楼迢递燕应迷。

三

水晶帘卷一灯昏，寂对河山叩国魂。

只是银莺羞不语，恐防重惹旧啼痕。

四

空言少据定难猜，欲把明珠寄上才。

闻道别来餐事减，晚妆犹待小鬟催。

五

绮陌春寒压马嘶，落红狼藉印苔泥。

庄辞珍贶无由报，此别愁眉又复低。

六

棠梨无限忆秋千，杨柳腰肢最可怜。

纵使有情还有泪，漫从人海说人天。

七

罗幕春残欲暮天，四山风雨总缠绵。

分明化石心难定，多谢云娘十幅笺。

八

星裁环珮月裁珰，一夜秋寒掩洞房。

莫道横塘风露冷，残荷犹自盖鸳鸯。

东居杂诗（十九首）

一

却下珠帘故故羞，浪持银蜡照梳头。

玉阶人静情难诉，悄向星河觅女牛。

二

流萤明灭夜悠悠，素女婵娟不耐秋。

相逢莫问人间事，故国伤心只泪流。

三

罗襦换罢下西楼，豆蔻香温语未休。

说到年华更羞怯，水晶帘下学笭篌。

四

翡翠流苏白玉钩，夜凉如水待牵牛。

知否去年人去后，枕函红泪至今留。

五

异国名香莫浪偷，窥帘一笑意偏幽。

明珠欲赠还惆怅，来岁双星怕引愁。

六

碧阑干外夜沉沉，斜倚云屏烛影深。

看取红酥浑欲滴，凤文双结是同心。

七

秋千院落月如钩，为爱花阴懒上楼。

露湿红蕖波底袜，自拈罗带淡蛾羞。

八

折得黄花赠阿娇，暗抬星眼谢王乔。

轻车肥犊金铃响，深院何人弄碧箫。

九

碧沼红莲水自流，涉江同上木兰舟。

可怜十五盈盈女，不信卢家有莫愁。

十

灯飘珠箔玉筝秋，几曲回阑水上楼。

猛忆定庵哀怨句，三生花草梦苏州。

十一

人间天上结离忧，翠袖凝妆独倚楼。

凄绝蜀杨丝万缕，替人惜别亦生愁。

十二

六幅潇湘曳画裙，灯前兰麝自氤氲。

扁舟容与知无计，兵火头陀泪满樽。

十三

银烛金杯映绿纱，空持倾国对流霞。

酡颜欲语娇无力，云髻新簪白玉花。

十四

蝉翼轻纱束细腰，远山眉黛不能描。

谁知词客蓬山里，烟雨楼台梦六朝。

十五

胭脂湖畔紫骝骄，流水栖鸦认小桥。

为向芭蕉问消息，朝朝红泪欲成潮。

十六

珍重嫦娥白玉姿，人天携手两无期。

遗珠有恨终归海，睹物思人更可悲。

十七

谁怜一阕断肠词，摇落秋怀只自知。

况是异乡兼日暮，疏钟红叶坠相思。

十八

槭槭秋林细雨时，天涯飘泊欲何之。

空山流水无人迹，何处蛾眉有怨词。

十九

兰蕙芬芳总负伊，并肩携手纳凉时。

旧厢风月重相忆，十指纤纤擘荔枝。

住西湖白云禅院作此

白云深处拥雷峰，

几树寒梅带雪红。

斋罢垂垂浑入定，

庵前潭影落疏钟。

＊【注】雷峰，又名夕照峰，为南屏山的支脉，突出于西湖南岸。曼殊善画，这首诗在深厚的内蕴中所体现的诗情画意，正可见出其才华之一斑，例如一个"落"字写得亦真亦幻，亦虚亦实，静中有动，动中有静。

答邓绳侯

相逢天女赠天书，

暂住仙山莫问予。

曾遣素娥非别意，

是空是色本无殊。

*【注】素娥：嫦娥，此处借指女子。空和色都是佛教名词。无殊：没有区别。

花朝

江头青放柳千条，

知有东风送画桡。

但喜二分春色到，

百花生日是今朝。

*【注】花朝：花朝节，俗称"花神节""百花生日""花神生日""挑菜节"。汉族传统节日。流行于东北、华北、华东、中南等地。农历二月初二举行，也有二月十二、二月十五举行的。

题画

海天空阔九皋深，

飞下松阴听鼓琴。

明日飘然又何处，

白云与尔共无心。

*【注】这首诗写得闲适飘逸，有超尘绝世的神仙之概。诗人以随风飘的白云自喻，不再拘泥于物我之分，达到了"忘我""无心"的最高禅境。

过平户延平诞生处

行人遥指郑公石，

沙白松青夕照边。

极目神州余子尽，

袈裟和泪伏碑前。

*【注】平户：日本岛名。延平：郑成功。郑公石，即"儿诞石"，相传郑成功诞生于石上，故得名。"极目"句：叹革命起义屡次失败，党人也多牺牲。

过蒲田

柳阴深处马蹄骄，

无际银沙逐退潮。

茅店冰旗知市近，

满山红叶女郎樵。

＊【注】这首诗写于1909年夏秋作者旅居日本期间。诗中画面是动态的，清丽隽永。
蒲田：日本本州地名。冰旗：茅店里挑出来卖冰的标志。

过若松町有感

孤灯引梦记朦胧，

风雨邻庵夜半钟。

我再来时人已去，

涉江谁为采芙蓉。

＊【注】若松町：日本过去地名，现为若松区，是北九州市的七个行政区之一。本诗
表达了一种思乡念远的感情。

过若松町有感示仲兄

契阔死生君莫问，

行云流水一孤僧。

无端狂笑无端哭，

纵有欢肠已似冰。

*【注】曼殊和尚此诗写他为僧，孑然一身，到处流浪不定，有如断梗浮萍般的漂泊
身世，极为哀痛悲凉。仲兄，即陈独秀。

代柯子简少侯

小楼春尽雨丝丝，

孤负添香对语时。

宝镜有尘难见面，

妆台红粉画谁眉。

*【注】简：本指信，这里作动词用，犹言"寄"。少侯：孙毓筠，字少侯，同盟会
成员，曼殊在东京认识的朋友。

淀江道中口占

孤村隐隐起微烟，

处处秧歌竞插田。

羸马未须愁远道，

桃花红欲上吟鞭。

★【注】远道：此处有双关义，也指实现政治目标的道路。吟鞭：作者走马吟诗，故
　称马鞭为"吟鞭"。

题师梨集

谁赠师梨一曲歌，

可怜心事正蹉跎。

琅玕欲报何从报，

梦里依稀认眼波。

★【注】师梨：今天译作雪莱，英国杰出的浪漫主义诗人。

落日

落日沧波绝岛滨，

悲笳一动剧伤神。

谁知北海吞毡日，

不爱英雄爱美人。

＊【注】北海吞毡：西汉苏武出使匈奴，匈奴欲降之，武不屈，被幽大窖中。断饮
食，武啮雪，与毡毛并吞之。后徙北海，杖汉节牧羊十九年。及还，须发尽白。作
者在这里借用此典用以抒发对家乡的强烈思念。

寄晦闻

忽闻邻女艳阳歌，

南国诗人近若何。

欲寄数行相问讯，

落花如雨乱愁多。

＊【注】艳阳歌：在明媚的春光中歌唱。数行：此处指信札。

失题

斜插莲蓬美且鬈，

曾教粉指印青编。

此后不知魂与梦，

涉江同泛采莲船。

★【注】"情事难忘""人生如梦"的感慨在诗中表露无遗。

西湖韬光庵夜闻鹃声简刘三

刘三旧是多情种，

浪迹烟波又一年。

近日诗肠饶几许？

何妨伴我听啼鹃！

★【注】多情种：喻指感情丰富的人。浪迹：流浪漂泊。诗肠：指写诗的兴致、心情。饶几许：有多么丰富。

别云上人

束装归省，道出泗上，会故友张君云雷亦归汉土，感成此绝。

范滂有母终须养，

张俭飘零岂是归？

万里征途愁入梦，

天南分手泪沾衣。

*【注】束装：收拾行装。归省：回（国）去省视。泗上：泗水，爪哇地名。汉土：中国。苏曼殊以僧人的身份云游四方，无所谓"家"，虽然归国，亦只能继续漂泊。

简法忍

来醉金茎露，

胭脂画牡丹。

落花深一尺，

不用带蒲团。

*【注】金茎露：指美酒，语出李商隐的诗句"侍臣最有相如渴，不赐金茎露一杯"。胭脂：中国画颜料中有"胭脂"一色。

何处

何处停侬油壁车，西泠终古即天涯。

捣莲煮麝春情断，转绿回黄妄意赊。

玳瑁窗虚延冷月，芭蕉叶卷抱秋花。

伤心怕向妆台照，瘦尽朱颜只自嗟。

*【注】捣莲煮麝春情断，一作拗莲捣麝欢情断。怕向，一作独向。

为玉鸾女弟绘扇

日暮有佳人，

独立潇湘浦。

疏柳尽含烟，

似怜亡国苦。

*【注】潇湘浦：潇指潇水，湘指湘水，浦指水岸。亡国苦：指由辛亥革命失败和袁世凯窃国所引起的悲愤。

南楼寺怀法忍叶叶

万物逢摇落，

姮娥耐九秋。

缟衣人不见，

独上寺南楼。

*【注】摇落：凋残零落。姮娥：嫦娥，西汉时为避汉文帝刘恒的讳而改称嫦娥。九
秋：秋季三个月九十天左右，故称九秋，亦叫三秋。

饮席赠歌者

一曲凌波去，

红莲礼白莲。

江南谁得似，

犹忆李龟年。

*【注】前两句描写歌声。凌波去：指歌声仿佛在水面上飘荡。礼：谓莲花摇摆，红
白莲互相为礼。

东行别仲兄

江城如画一倾杯,

乍合仍离倍可哀。

此去孤舟明月夜,

排云谁与望楼台。

*【注】1913年夏,苏曼殊离开安庆赴上海,岁末赴日本治病,东渡之前诗赠陈独
  秀。江城:指上海。倾杯:指饮酒。乍合仍离:刚刚相聚,又要分离。

憩平原别邸赠玄玄

狂歌走马遍天涯,

斗酒黄鸡处士家。

逢君别有伤心在,

且看寒梅未落花。

*【注】憩:歇息。玄玄:田桐,字梓琴,别号玄玄居士,湖北人,中国国民党党
  员,随孙中山流亡日本。曼殊诗,感伤其落叶哀蝉般的身世。去掉悲凉,又有些流
  浪者的豪情与潇洒。

偶成

汽车中隔座女郎言其妹怀仁仗义，年仅十三，乘摩多车，冒风而殁。余怜而慰之，并示湘痕、阿可。

人间花草太匆匆，

春未残时花已空。

自是神仙沦小谪，

不须惆怅忆芳容。

*【注】摩多车：摩托车。殁：死亡。花草：喻女郎之妹。春未残时花已空：喻正处青春年少之时却走上死亡之路。小谪：短暂的贬谪。

芳草

芳草天涯人是梦，

碧桃花下月如烟。

可怜罗带秋光薄，

珍重萧郎解玉钿。

*【注】芳草：比喻女子。人是梦：人仿佛处在梦境中。玉钿：玉制的花朵形首饰。

游不忍池示仲兄

白妙轻罗薄几重，

石栏桥畔小池东。

胡姬善解离人意，

笑指芙蕖寂寞红。

★【注】白妙：日人称里衣之袖为"白妙"。苏曼殊以"出家人"为由婉拒百助，但
其内心极度矛盾痛苦。离别本苦，却不直白，明言笑指芙蕖，却又以寂寞红点睛，
其悲愈烈。

集义山句怀金凤

收将凤纸写相思，

莫道人间总不知。

尽日伤心人不见，

莫愁还自有愁时。

★【注】"人言愁，我始欲愁"，此人不言愁，我自生愁，个中滋味，实难令浅情人
知也。

附录一　苏曼殊诗选··

227

忆刘三、天梅

东来与慈亲相会，忽感刘三、天梅去我万里，不知涕泗之横流也。

九年面壁成空相，

万里归来一病身。

泪眼更谁愁似我，

亲前犹自忆词人。

*【注】九年：这里指多年。面壁：佛家坐禅之异名。归来：这里指回到出生地日本。

春日

好花零落雨绵绵，

辜负韶光二月天。

知否玉楼春梦醒，

有人愁煞柳如烟。

*【注】诗人感叹时光如梭，看着春雨里坠落的片片花瓣，心中感悟生命的可贵。

迟友

云树高低迷古墟，

问津何处觅长沮？

渔郎引入林深处。

轻叩柴扉问起居。

*【注】迟友：等待、迎候友人。此诗，感朋樽之至乐，耽乡居之闲逸，读之悠然意远。

莫愁湖寓望

清凉如美人，

莫愁如明镜。

终日对凝妆，

掩映万荷柄。

*【注】莫愁湖自古有"江南第一名湖""金陵第一名胜"之称。本诗为描写莫愁湖的著名之作。

樱花落

十日樱花作意开，绕花岂惜日千回？

昨来风雨偏相厄，谁向人天诉此哀？

忍见胡沙埋艳骨，休将清泪滴深杯。

多情漫向他年忆，一寸春心早已灰。

*【注】本诗写作者赏樱花时的所见所感。凄美的樱花勾起了作者对自己伤心往事的回忆。全诗由赏花的兴致、樱花的飘落，写到自己内心凄凉的感受，很能打动人心。

久欲南归罗浮不果，因望不二山有感，聊书所怀，寄二兄广州，兼呈晦闻、哲夫、秋枚三公沪上

寒禽衰草伴愁颜，

驻马垂杨望雪山。

远远孤飞天际鹤，

云峰珠海几时还？

*【注】罗浮：指位于广东东江北岸的罗浮山。二兄：指苏维翰，曼殊叔父德生之次子。晦闻：黄节，初名晦闻，近代学者、诗人。哲夫：蔡守，字哲夫，国学保存会及南社的成员。邓秋枚：邓实，字秋枚。

题《拜伦集》

　　西班牙雪鸿女诗人过存病榻，亲持玉照一幅，《拜伦遗集》一卷，曼陀罗花共含羞草一束见贻，且殷殷勖以归计。嗟夫，予早岁披剃，学道无成，思维身世，有难言之恫！爰扶病书二十八字于拜伦卷首，此意惟雪鸿大家心知之耳！

秋风海上已黄昏，

独向遗编吊拜伦。

词客飘蓬君与我，

可能异域为招魂。

*【注】见贻：见赠。勖以归计：劝我做回归的打算。吊：凭吊，追慕。飘蓬：比喻
　人生漂泊无定。

苏曼殊年谱

1884年（光绪十年，甲申）　1岁

9月28日，出生于日本横滨。祖籍广东省香山县沥溪村。

父亲苏杰生，时任横滨外商万隆茶行买办。

生母河合若，日本江户人。

养母河合仙，日本江户人，苏杰生之大妾。

嫡母黄氏，在广东原籍。

庶母陈氏，苏杰生之次妾，随居横滨。

1885年（光绪十一年，乙酉）　2岁

随养母河合仙在横滨生活。襁褓期间，体弱多病。

1886年（光绪十二年，丙戌）　3岁

随养母河合仙在横滨生活。

嫡母黄氏来横滨。

1887年（光绪十三年，丁亥）　4岁

随养母河合仙在横滨生活。

喜欢画画。《潮音·跋》："4岁，伏地绘狮子频伸状，栩栩
欲活。"

1888年（光绪十四年，戊子）　5岁

随养母河合仙在横滨生活。

1889年（光绪十五年，己丑）　6岁

随嫡母黄氏归广东省香山县沥溪村，与祖父母、叔婶、堂兄弟姐
妹生活。

1890年（光绪十六年，庚寅）　7岁

入简氏大宗祠私塾读书。

1891年（光绪十七年，辛卯）8岁

在沥溪乡塾就读。

1892年（光绪十八年，壬辰） 9岁

在沥溪乡塾就读。

12月，苏杰生因万隆茶行生意不景，营业失败，偕陈氏回广东沥溪村。

1893年（光绪十九年，癸巳） 10岁

在沥溪乡塾就读。

1894年（光绪二十年，甲午） 11岁

在沥溪乡塾就读。

1895年（光绪二十一年，乙未） 12岁

在沥溪乡塾就读。

1896年（光绪二十二年，丙申） 13岁

3月，随二姑母赴上海，与苏杰生、陈氏等生活。

师从西班牙牧师罗弼·庄湘学习中、英文。

1897年（光绪二十三年，丁酉） 14岁

4月，祖父患病，父亲苏杰生回乡照料。

11月上旬，陈氏携女回乡，苏曼殊独留上海。

11月14日，祖父病逝。

1898年（光绪二十四年，戊戌）15岁

初春，随表兄林紫垣东渡日本横滨。

2、3月间，入大同学校，在乙级学习中文。

时常探望养母河合仙。

1899年（光绪二十五年，己亥）16岁

在横滨大同学校乙级就读。

显露绘画天才，时作画相赠学友。冯自由《苏曼殊之真面目》："作画之天才，则早已活现于大同学校时代……间作小品，馈其学友，下笔挺秀，见者咸为称异。"

1900年（光绪二十六年，庚子）17岁

春，升入大同学校甲级，兼习英文。

1901年（光绪二十七年，辛丑）18岁

在大同学校甲级就读，兼教美术科。

秋，被选入梁启超举办的夜间中文专业特别班学习。

1902年（光绪二十八年，壬寅）19岁

大同学校毕业，与堂兄苏维翰到东京。拟入高等师范，未果，与张文渭进入早稻田大学高等预科中国留学部。

秋冬之间，经冯自由介绍加入"青年会"，结识陈独秀、秦毓鎏等人。

1903年（光绪二十九年，癸卯）20岁

春，改入成城学校（振武学校旧称），学习陆军技术。同学有刘三（季平）。四五月间，积极参加"拒俄义勇队"相关活动，结识黄兴、陈天华等人。

秋，与吴轶书、吴绾章兄弟乘日轮"博爱丸"回国。抵上海，后转苏州，在吴中公学社任英文教员，结识包天笑等人。

中秋，到上海，任《国民日日报》英文翻译，同事有陈独秀、章士钊等人。常向陈独秀学作诗。

12月上旬，《国民日日报》被查封。中旬，苏曼殊抵香港，拜访任职于《中国日报》的陈少白。12月底，回广州，寻师不遇，遂流浪至惠州某破庙，剃度。

1904年（光绪三十年，甲辰）21岁

2月中旬，窃取已故师兄博经海云寺的戒牒，步行至广州，乘轮船到香港，又至《中国日报》社。

3月15日，苏杰生病逝。未回家奔丧。

仲春，到上海。

春末，得亲友资助，远赴暹罗，应聘于曼谷青年会。后至锡兰，住在菩提寺。

夏末，回广州。

7月，到长沙，任实业学堂图画教员。其间，游衡山，夜宿雨华庵，作画赠老僧。

1905年（光绪三十一年，乙巳）22岁

任教于长沙实业学堂，除图画外，兼教英语。

暑假，到上海，访秦毓鎏，嬉游玩乐，挥霍无度。秦毓鎏《曼殊之少年时代》："乙巳夏，遇曼殊于沪上，渠方自湘中来也……腰缠甚富，任意挥霍，食必西飱，夜则坐马车兜风。有时亦叫局，吃花酒，但不甚说笑耳。如是者月余。"

与刘三到南京，任陆军小学英文教员。其间，结识秦淮歌妓金凤。

秋后，到杭州。

1906年（光绪三十二年，丙午）23岁

初春，到长沙，任明德学堂图画教员。

夏，应刘师培邀请，至芜湖赭山皖江中学任教，结识张伯纯

等人。

暑假，至上海，会晤刘三，结识柳亚子等人。后与陈独秀东渡日本寻河合仙，不遇。在东京，结识章太炎。

8月下旬，与陈独秀回到上海，后至皖江中学。但因学校闹风潮，未开课。

中秋前后，与友人游南京。

10月，返芜湖。旋即去上海，拟入留云寺为僧，不果。后至杭州，住杭州白话报馆。月底，返上海，住美租界新衙门北首和康里第四衖。后迁往八仙桥鼎吉里四号夏寓，即中国同盟会驻沪机关总部，自学梵文。

1907年（光绪三十三年，丁未）24岁

2月，与刘师培、何震夫妇东渡日本，住东京牛込区新小川町二丁目八番地民报社。

翻译《梵文典》第一卷，因故未能出版。

夏，参与周树人、周作人等创办《新生》杂志的筹措工作。

初秋，《曼殊画谱》出版，自撰序言："衲三至扶桑，一省慈母。山河秀丽，寂相盈眸，尔时何震搜衲画，将付梨枣。顾衲经钵飘零，尘劳行脚，所绘十不一存，但此残山剩水若干帧，属衲序之。"

9月，回国至上海，住铁马路爱而近路国学保存会藏书楼。其间饮食不加节制，时患肠胃病。

12月，复东渡，访旧友张文渭。

1908年（光绪三十四年，戊申） 25岁

2月，寓东京神田猿乐町清寿馆；因患肝跳症，旋入横滨医院静养。

3月，迁往鞠町区饭田町六丁目二十一番地天义报社与刘师培、何震夫妇同住。7日致信刘三："近日只读拜伦诗，为消遣计。"

4月中旬，章太炎、刘师培交恶，遭刘师培夫妇迁怒，移居另一友人处。

《文学因缘》第一卷出版，寄刘三。

9月，回国至上海，住虹口西华德路（今长治路）田中旅馆。后至杭州，住白云庵。中旬，移至韬光庵。下旬，返回上海。

10月，应杨仁山邀请到南京任祇洹精舍英文教师，时听杨仁山讲经，向友人盛赞其佛法精深。

12下旬，到上海。

1909年（宣统元年，己酉） 26岁

1月上旬，自上海赴东京，与张卓身等人住在小石川。后转与章太炎同住。其间，常与陈独秀等人聚会，并结识歌妓百助。

6月上旬，陪河合仙旅居逗子海滨。

9月下旬，回国至上海。旋赴杭州探望刘三，再寓白云庵。适逢刘师培变节，有人怀疑其与之同流合污，投函恐吓，即离杭州返上海。刘三作诗慰之："干卿缘底事，翻笑黥成痴。"

经人介绍前往爪哇惹班中华学校任教，途经香港、新加坡。

1910年（宣统二年，庚戌） 27岁

6月23日，自惹班致信柳亚子："咯血之症复发，羁旅六月，已费去七百余金，故未能买舟赴印。"

1911年（宣统三年，辛亥） 28岁

夏，自惹班东渡日本。中间到过广州、上海。据《记曼殊上人》所记："辛亥夏，从南溟万里航海，访蔡寒琼于广州，须长盈尺，寒琼竟莫能识。及聆其声音始知之。信宿忽又北去，浃旬在沪渎，以与马小进摄影邮寄，又复一翩翩少年也。"

8月，重渡爪哇，仍主讲英文于惹班中华学校。

10月10日，革命党人于武昌起义，推翻清王朝统治。病中闻讯，极为兴奋，认为此乃"迩者振大汉之天声"，遂准备归国。

11月，为筹措归国旅费，决心典当燕尾乌衣。

英译《潮音》出版，由日本东京神田印刷所印行。

1912年（民国元年，壬子） 29岁

2月，至香港，与堂兄苏维翰会晤。向友人借五百元。

4月，抵上海，应《太平洋报》聘，任主笔。月底，东渡日本，省养母河合仙。

5月底，返回上海。

6月中旬，再次东渡日本。

10月底，起航返国，至上海。

12月中旬，抵安庆，任教于安徽高等学校，与郑桐荪、沈燕谋、应溥泉等共事。

1913年（民国二年，癸丑） 30岁

2月上旬，与沈燕谋等至上海，住南京路第一行台旅馆。

3月下旬，至安庆。

4月上旬，返上海。饮食无度，征歌逐妓。其间，与张卓身、李一民赴杭州，住西湖图书馆。不几日，又返上海。5月19日自上海复郑桐荪信："居沪半月，已费去数百金。"

5月下旬，至安庆。

6月初，返上海。上旬，与沈燕谋到盛泽郑桐荪家，筹措编写《汉英辞典》《英汉辞典》。

12月，至日本西京，游琵琶湖，肠病复发。21日致信何震生："昨日至西京琵琶湖游次，病复人作。逆旅主人视余甚善。余甚感天心仁爱也。"

1914年（民国三年，甲寅） *31岁*

1月，到大久保访友人孙伯纯。患痢疾。赴东京就医。22日致信友人："一别逾月……瑛东渡，居西京、大久保、早稻田、追分町各地，将赴大森，意由热海回国。谁知旧病缠绵，异域飘寄。"

2月，与友人多地游玩。1日致信何震生："燕肠疾渐就愈可……今日能偕阿可、国香出外游玩，第弱不胜衣耳。13日复平智础信："燕此日肠病略愈，唯弱不胜衣耳。医者云须静养三四月……明后日当之热海。"26日致信何震生："同阿可登江中孤岛屿。今晨阻雪，未上大莲华峰。"

3月上旬，至横滨、千叶等地游玩。16日，至东京，专攻"三论宗"。其间，参观上野大正博览会。

4月上旬，往西京。

5月，小说《天涯红泪记》发表于东京《国民》杂志。

8月，为章士钊《双秤记》作序。《拜伦诗选》《汉英三昧集》在东京出版。

11月下旬，迁至居觉生家。

1915年（民国四年，乙卯） *32岁*

2月上旬，游兵库、和歌浦等地。18日致信孙伯纯："比游兵库，明日向和歌浦。衰柳微汀，孤舟明月，甚乐也。"

4月上中旬，游塔之泽，环强罗、小涌谷、热海等地，后经宫之下

返汤本，寓福住楼旅馆。

7月，小说《绛纱记》发表于东京《甲寅》杂志。

8月，小说《焚剑记》发表于东京《甲寅》杂志。

1916年（民国五年，丙辰） 33岁

春末，自东京回上海。

5月，闻居觉生在山东组成中华革命军护国讨袁，即赴青岛拜访。与周南陔等游崂山。

10月，自青岛回上海，住环龙路孙文寓所。后赴杭州，常与友人游西湖。

11月，小说《碎簪记》开始连载。

1917年（民国六年，丁巳） 34岁

1月下旬，自杭州返上海度春节。

2月至4月，多次往返于杭州、上海两地。4月下旬，东渡日本，途经长崎、马关、神户。

5月初，抵东京，住河合仙处。后陪河合仙游箱根。

6月中旬，自日本返上海。时与名伶小杨月楼、小如意等交游。

初秋，肠胃病复发，入霞飞路医院。蒋介石托陈果夫送医药费。出院后，受蒋介石之邀，移居白尔部路新民里11号。

冬，肠胃病加深，入海宁医院。

1918年（民国七年，戊午） 35岁

3月，病情恶化，转入金神父路广慈医院。

4月29日，嘱高剑父致书黄晦闻，谓势将不起。

5月2日，下午4点，病逝。弥留时仅云："但念东岛老母，一切有情，都无挂碍。"